自分で考え動きたくなるチームを作る45のヒント

「若手と一緒に成果を出したい！」

と思ったら。

販売コンサルタント
平山枝美
Hirayama Emi

大和書房

「世代の違うスタッフ」と
コミュニケーションするだけで
必死になっていませんか？

チームの雰囲気は良いはず。
なのに、やめる人ばかり。
これでは、成果が出る
チームが育たない！
と、悩んでいませんか？

そろそろ、安心して
若手に、仕事を任せたい
と、感じていませんか？

みんなが、自分から動きたくなる。
みんなが、一緒に成果を出したい、
と考えてくれる。
そんな、「みんなのチーム」にしたい。
と、思いませんか？

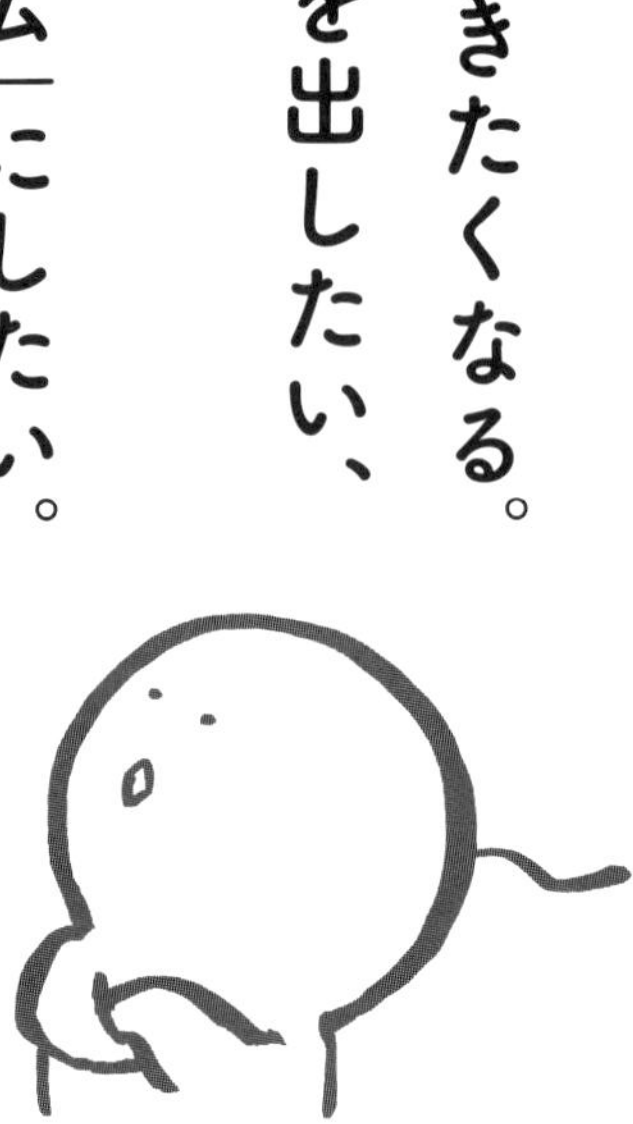

スタッフへの
「困った」や「こうなったら」は、
尽きないもの。
この本は、
そんな皆さんの悩みに
全てこたえる本です！

はじめに
――自分とチームを「より良い結果」に導く本

「ただ今、お時間よろしいでしょうか」

この言葉を聞くと、今でも胃がキリキリと痛みます。私が「上司」としてエリアマネージャーをしていたとき、普段は自分から声を掛けてこないスタッフの、この言葉の後に続くのは、決まって「退職の相談」でした。

コミュニケーションを取るのが苦手でした。それを隠すため、部下であるスタッフや店長の前では、いつも気さくでサバサバした上司を演じていました。

一見、雰囲気の良い売り場でしたが、みんなは気がついていました。私の指示が実は細かすぎたことや、小さなミスで売り場が凍りついていたことを。気づけば全員退職し、私は一人ぼっちになってしまったのです。

当然、ひどく落ち込みました。しかし、その経験が、私の**「自分で考えて、一緒に成果を出せるスタッフの育て方」**を実践するきっかけとなったのです。

皆さん、はじめまして。販売コンサルタントの平山枝美と申します。

皆さんは、どのような経緯でチームに関わることになったでしょうか。

店長やエリアマネージャーに任じられた。違う部署やテナントと連携することになって、直接の部下じゃなくても指示をしなければならなくなった。

チームの関わりは様々ですが、一緒に成果を出したいという目標は共通しています。

そんな中、部下の顔色を窺いながら、いかに辞められないようにするかで精一杯になっていませんか？

しかし、会社は部下やスタッフが辞めたくならないマネジメントだけでなく「成果」

を求めてきます。**一人では結果は残せないし、スタッフにも成長してもらわなければなりません。**

この本では、**チームに「仕事を楽しい」と思ってもらいながら、自分で考えて動き、さらに一緒に成果が出せるようになる方法**を書いています。

私が、エリアマネージャーや講師を務める中で経験した、数々の失敗と克服の過程を通し、皆さんのチームが「自ら考え動ける」ようになるヒントを紹介していきます。

仕事は、自分で「出来た！」と思うことから楽しくなっていきます。

チームのメンバーが、自信を持って自分で判断し、成果を出せるようになる。そのためには、スタッフが自分を信頼してくれて、「この人から学びたい」と感じられる人間関係作りが鍵となります。早速、実践してみましょう。

平山枝美

「若手と一緒に成果を出したい！」と思ったら。

「自分で考え動きたくなるチーム」を作る45のヒント

Contents

Contents

第2章

「そう言われてもなあ」を「ちょっとやれる気がしてきた」に変える

Contents

第3章

「やってみました！」と自分で考え、動いてくれるチームを作る

Contents

第4章 「どう思う？」を投げ掛け、アイデアがあふれるチームにする

第5章 「臨機応変に動けるスタッフ」になってもらえる、視点のずらし方

第1章

「この人なら大丈夫」と若手に感じてもらうには？

CASE 1

若手になかなか信頼してもらえないときの「距離の縮め方」

POINT

気さくに話しかけたのに、壁を感じる！
そんなときは、相手を知ることから始めましょう。

●「仲良くなろう」ではなく「あなたのことが知りたい」

新しいメンバーと距離を縮めるとき、少しでも早く信頼を得たいと思うものです。しかし、どんなにこちらが気さくに話しかけても、頼りになる所を見せようとしても、相手はなかなか懐を開いてはくれません。

このようなときは「仲良くなろう」とするのではなく、「相手のことを少しずつ知りたい」と思うことが大切です。

私がエリアマネージャーとして転職した当時、早く実績を上げなければ、と焦っていました。そこで、スタッフたちと早く距離を縮めようと考えました。転職前の会社では私のことをスタッフが慕ってくれていて、こちらの伝えることにもすぐ反応し、動いてくれていました。ですから、転職した会社でも、それと同様の人間関係がすぐ築けるだろうという自信があったのです。

しかし、新しい会社ではなかなか上手くいきません。こちらから積極的に話しかけたり冗談を言ってみたりして、**頑張って「気さくで話しやすい空気」を醸し出そうとするのですが、スタッフはそれに乗ってくれることはなく、ただ愛想笑いをするばかりです。**スタッフの方からなかなか話してくれなかったので、私ばかりが話しているような、空回りの状態でした。ミーティングの最後に、「私ばっかり話してごめんね」と伝えたものの、スタッフの愛想笑いと、当たり障りのない生返事ばかりが印象に残ってしまいました。

このときは、私はどうやったらスタッフから本音が引き出せるのだろう、と途方に暮れたものです。

●上司に「自己アピールは不要」と心得る

いくらスタッフと仲良くなろうと頑張っても、相手の本音は引き出せません。それどころか、「この人は自分と距離を詰めて、思い通りに動かそうとしているつもりだ」という〝下心〟が伝わってしまいます。そうして、相手はますます壁を作ってしまうでしょう。

また、「頼りになる所をアピールすれば、あちらも自分を頼ってくれるようになるのではないか」と思って、威厳を保とうとすることもあります。これも、残念ながら逆効果です。相手は威圧感を感じて、むしろ距離を取ろうとします。

つまり、**こちらの行動が「自分のキャラクターをいかにアピールするか」に終始してしまうと、相手は引いてしまう**のです。

よく考えると当たり前なのですが、若いスタッフ、つまりまだ自分のことで必死な人たちに、一所懸命に「私を見て！」とアピールした所で、みんな、そんな余裕はないのです。

とはいえ、業績を上げるためにはスタッフとの連携が欠かせません。しかし、この状態では協力し合うのは難しいでしょう。

こんなときは、**自分を知ってもらおうとするのではなく、「あなた方（スタッフ）のことを知りたい」と伝える姿勢を見せるようにします**。

●「ポジティブな質問と共感」で若手の〝警戒心〟を解く

私が講師になり、ある店の立て直しをすることになりました。私はアドバイスをする側ですが、スタッフ達とはみんな、初対面です。前述の、転職後の苦い経験を思い出しましたが、このときは、自分のことをアピールするのではなく、**自分がスタッフのことをまず知ることから始めよう**と決めていました。

スタッフとのミーティングでは、仕事についてどのように考えているかについて、みんなと会話しました。

「販売員として仕事をしているとき、楽しいことは何ですか」

「自分が得意だと思っていることは何ですか」

こんなふうに、ポジティブなことを中心に聞いていきました。誰しもが最初は私に対して遠慮して、「お客様が笑顔になったときでしょうか」と、本心というより無難な言葉を選んでいる様子でした。私は、

「**笑顔になってくれるの、良いですよね**。私も、今まで表情が固かったお客様が顔をゆるめてくださると安心します。**例えば、どんなときにお客様は笑顔になってくれましたか？**」

と共感の言葉をはさみながら、相手のことをより深掘り出来るような質問を重ねました。

そのうちに、スタッフは、どんなことを話しても否定されず、私が笑顔で相手を受け止めていることに安心したのか、だんだんと口数が増えてきました。「実は、自分の接客のどこがダメなのかよくわからなくって」など、**正直に自分の胸の内を明かしてくれるようになってきた**のです。こうして本音で話が出来るようになったことで、ようやくスタッフやお店の課題が見えてきました。

●〝あなたのことを知りたい〟という姿勢が大事

スタッフは、上司と会話をしながら、上司のことをよく観察しています。自分を否定されないかどうか、自分のことを理解しようとしてくれる人かどうか、などです。**自分が話したことに、上司が好意的に反応してくれるということがわかってくると、「この人には何を言っても大丈夫だ」という安心感が、相手の中に生まれます。**

そして、そうなってからやっと、上司の気さくさや威厳も、受け入れられるようになるのです。

スタッフの話を聞くときに気をつけたいのは、相手が話しやすいようにすることです。聞いたことを、

「へえ、そうなんですね」

「なるほど、それは知らなかった」

と相づちを打ち、相手の話を興味深く聞いている姿を見せましょう。こうすることで、この人は信頼して良い人だと思ってもらえるようになり、壁が少しずつなくなっていきます。

こちらが楽しく場を盛り上げれば、相手は自分に付いてきてくれる、と考えていないでしょうか。決して間違いではないのですが、そういう思いが強くあると、とかく一所懸命話そうとし、空回りする状態に陥ることがあります。

自分がどんな人間かアピールするのではなく、相手が話しやすい状況を生み出すことが、距離を縮める第一歩なのです。

CASE 2

若手が思わず信頼したくなる「上司の立ち居振る舞い」とは

POINT 上司への信頼が、良い仕事を生む？　若手がついていこうと思う、ピンチへの対処の仕方。

●若手にばかり「報告」をお願いしていませんか？

「若手に信頼される人になろう」とよくいいますが、では「信頼される」とは、具体的にどのようなことでしょうか。

私は、**「信頼される」とは「この人なら大丈夫だ」と思ってもらえること**だと考えています。**信頼とは、相手を受け止めたり、約束を一つずつ守ったりする過程から生まれていきます**。

当たり前のようでいて、意外と相手からの信頼を崩してしまっていないか、自分の行動を振り返ることもまた、相手と協力体制を作っていく上で欠かせないことだと思います。

私がエリアマネージャーだったときの話です。その当時、担当していたとある店舗では、深刻な人手不足に悩まされていました。休憩時間も満足に取れず、スタッフの昼食は私がヘルプで入っている間に、急いで済ませてもらわなければならないくらいでした。

人事のことについては本社が一括して管理していたので、店長からは「早く本社に何とかしてもらわないと、運営がままならない」「エリアマネージャーからも、本社に早くどうにかするよう伝えてください」と急かされていました。

しかし、私は自分が他の業務で手一杯だったこともあり、

「本社には言ってるんだけどね……」

と言葉を濁していました。こうして、日々が過ぎていきました。

ある日本部からの指示で、売り場で、お客様が試着室に入る人数をカウントすることになりました。担当店の店長たちに「みんな忙しいのに、ごめんね」と言いながらタスクをお願いした所、店長たちは仕方ないな、という顔で引き受けてくれました。

しかし、お願いした仕事の出来は散々でした。報告に上がってきた記入用紙を見て

みると、所々同じ数字の日があります。毎日、試着室を利用する人数は多いので、同じ人数になる日なんて、本当は何日もないはずです。これは、明らかに不自然です。

不審に思った私がスタッフに状況を確認した所、なんと、「店長が、『マネージャーからの頼みだし、適当に書いておけば良いよ』って言ったんで」という返事がありました。スタッフたちは、人数をきちんとカウントせず、適当な数字を記入して済ませていたのでした。

この一件で、いかに自分が、店長との間に信頼関係が築けていなかったかということを思い知らされてしまったのでした。

●信頼される上司は、「腹の中を見せる」のが上手い！

自分が行ったことが、必ず報われるとは限りません。しかし、**相手の信頼を欠くようなことをこちらがしていれば、相手も当然、「この人とは適当に付き合っておけば良い」と考えるようになる**でしょう。

この事例では、店長は人手不足で困っていて、一刻も早く私に何とかしてもらいたいと思っていました。しかし、私が言葉を濁していたことで、店長は「上司から適当にあしらわれた」と感じてしまいました。

その結果、**「上司は頼りにならない」と失望させたことが、その後の業務に影響してしまった**のです。

もちろん、こちらにも言い分はありました。私には他の担当店もありましたし、仕事を引き受けたからといって、すぐに対処出来ないことだってあります。

では、このような中、どのように信頼関係を作っていけば良かったのでしょうか。

まず私は、**自分が適当な口約束をしてしまったことを反省**しました。

この事例のあった店では、店長が退職、しばらく時間が経っていましたが、店長の席は空いたままでした。スタッフからは「早く、新しい店長を入れて欲しい」と急かされていました。

しかし、あいにくどの店にも、すぐに異動出来る人材がいません。募集をかけても、店長候補の人材がすぐに入ってくる見込みはありません。

そこで、**私はこの現状について、スタッフに正直に伝えることにしました**。無駄に期待をかけて、いつか楽になると思わせておいても、状況は改善しないからです。

正直に事情を説明して私が頭を下げると、スタッフはみんな、がっかりした顔をしました。それについては申し訳なく思いつつ、私は「店長がいないなりに、現状をまず維持するには何が出来るか」を話し合ってもらいました。

そして、私は毎週の本社への出勤時に、店舗でどのような話し合いをしているのか、進捗を伝えることにしました。

店舗には店長の業務を洗い出してもらった上で、分担出来る仕事を確認し、私は本社に対し、この店舗に店長がいないことで、会社にどのようなデメリットが生じているのかを丁寧に説明しました。

残念ながら、店長がすぐに補充されることはありませんでしたが、スタッフに状況報告をこまめに行い、今の状況についてきちんと話をすることをしました。

その結果、「誠実に対処してくれる人だ」と思ってもらえるようになり、名誉を挽

回することが出来ました。

●言いづらいからと〝曖昧にする〟のは困りもの

あなたは若手にばかり、報告を促していませんか？　若手は、上司との約束を頼りにしています。せっかく上司のことを信頼して話をしたのに、それが口約束になって果たされなければ、若手は心底がっかりしてしまうのです。

また、**そのようなことが積み重なると、若手の仕事への意欲も低下し、会社への不信感にまで繋がります**。

スタッフ一人ひとりが「この会社で働いているとやりがいを感じる。他の人にもぜひそう感じて欲しい」と思える会社でないと、優秀な人材は入ってきません。

そのためにも、上司と若手の間の小さなコミュニケーションはとても大切です。どこまで進捗しているのか、若手に求めていることは何か、自分はどうすれば良いと思っているのか。**隠し事が通らなくなってきている今こそ、お互いの腹の中を見せ合って、信頼関係を築く必要がある**のではないでしょうか。

また、ＬＩＮＥやメールなどの手軽さから、一方的に指示を送って終わらせてはいませんか。このようなやり取りが続くと、「顔が見えない相手には適当で良い」と相手に感じさせてしまうのも無理はありません。「仕事が忙しいから」とコミュニケーションのひと手間を省いていると、そのツケが、自分にブーメランのように返ってくるので、注意が必要です。

大事な局面では**「顔を合わせての会話」**、それが難しければ**「電話をする」**など、直接会話をすることで、双方の考え方を通わせていきたいものです。

CASE 3

「世代の違うスタッフ」との接し方の作法

POINT 若手と意識するよりも「人」として接し、焦らずに少しずつ距離が縮まるのを楽しみましょう。

●同年代や目上の人と「変わらない態度」で

新入社員や、歳の離れたスタッフと仕事をする際、少しでも距離を縮め、心を開いてもらいたいと考えるものです。そうすれば、仕事について相談してもらいやすくなり、時には本音を伝えてくれることもあるでしょう。しかし、**距離を縮めることに対し、必要以上に気負わない方が、結果、壁を取り払うことが出来ます。**

アパレル専門の職業訓練校で、講師をすることになったときのことです。受講生はみんな20代前半で、そのときの私とは10歳ほど歳が離れていました。

私は彼らと少しでも距離を縮めて話をしたいと感じたので、積極的に話しかけました。しかし、みんなは、何だか冷たい反応です。その頃流行っていたコミックやSNSの話題なども事前に一所懸命勉強し、「みんなもこういうの好きなの？」と聞いてみたことがありますが、「……別に、そうでもないです」と素っ気ない態度。疎外感を覚えて、研修の後はどっと疲れてしまったものです。

数年後、ある専門学校で授業をすることになりました。しかし、このときの私は「生徒と仲良くなろうとするのはやめよう」と考えました。

あからさまに、こちらが仲良くしたいと媚びた態度を取れば、むしろ相手は引いてしまうということを、以前の経験を通してよくわかっていたからです。

意識したのは**「他の人と同じように普通に接すること」**です。教室に入ったら自分から挨拶をし、目の前にいる人には「この辺りで、おいしいランチが食べられる所ありますか？」と雑談をし、相手が話してくれたことに興味を持って接する。同年代や目上の方と行っているコミュニケーションと、何ら変わりはありません。

相手を「若者」ではなく「人」として接していくと、生徒達も自然に私とコミュニケーションしてくれるようになりました。

そもそも、同年代と同じ話題を振ってみたとしても、返ってくる内容は世代によって違うのです。そして、そこでまた話は広がります。

「それは何ですか？ 教えてください」と反応すると、相手もまた、一所懸命話をしてくれます。そして、私もそれに対し**「私の場合だと、こうです」**と答えます。

このコミュニケーションの取り方は、いきなり距離が縮まり、相手のグループに入れてもらえるというような劇的なことはありません。でも、私はそれで良いと考えています。**「今日は名前を呼んでもらえたな」とか、「今日は質問してくれたな」とか、小さな変化をありがたく受け止め、それを楽しみながら接すると良い**のではないでしょうか。

このように、自分と年代が違う人と接するとき、無理に話を合わせようとし、無理をして自分を取り繕う必要はありません。世代が違うことは当たり前なのですから、それを前提として違いを活かして会話すれば良いのではないでしょうか。

もちろん、その世代で興味があるとされているもの、流行っているものを、自分の知識として取り入れるのも良いでしょう。ただし、その年代で流行っているからといって、その人が必ず好き、というわけでもありません。

相手を若者として接するのではなく、「一人の人」として向き合っていきましょう。

CASE 4

若手に信頼される上司、普通の上司の違いとは？

POINT 若手が聞きたいのは「自分に合わせた言葉」。そのために、相手を知るための会話をしましょう。

●なぜ、若手はアドバイスを受け入れないのか？

スタッフに相談されたとき、せっかくなら「この人に相談して良かった」と思ってもらいたいものです。しかし、相談に乗って色々とアドバイスをしたにもかかわらず、相手がしっくり来ていないようだ、と思うときはないでしょうか。

これからの職場をより良くしていくためには、相手にとって良き相談相手になりたいものです。そのために、**相手のことを深掘りし、相手に合わせて言葉を選んでいきましょう**。

エリアマネージャーとして転職したばかりのときのことです。新しく担当する店で、接客が上手く出来ないスタッフがいました。お客様に話しかけても会話が続かず、すぐに「ごゆっくりご覧ください」と言って離れてしまいます。このスタッフは、**お客様を必要以上に怖がっている様子**でした。

もったいないと思った私は、そのスタッフとミーティングをすることにしました。スタッフも私に対し、「この人に相談すれば、突破口が開くかもしれない」と期待を寄せてくれているようです。何としてもその期待に応えたい、と私は意気込んでいました。

しかし、結果としてスタッフは、私のアドバイスにイマイチしっくり来ていない様子。相談もそこそこに、さっさとミーティングルームを出ていってしまいました。

●自覚のない「自分語り」が一番怖い

スタッフと向かい合ったとき、私はスタッフに「お声がけが怖いと思ってしまったのはなぜ？」と聞き、スタッフは「お客様にウザがられている気がして」と小さく返事をしてくれました。

私もそれに対し、**「怖いよね、私も昔は声がけがなかなか出来なかったよ」と共感を示し、その後、自分の体験談を相手につらつらと話しました。**

これは、自分の失敗談が少しでも参考になれば、そして彼女の共感を呼ぶことで、相手に勇気を与えられれば良いと思ってのことでした。しかし私の話を聞いていたスタッフの笑顔は、段々と引きつっていきました。

そして、私の肝心のアドバイス（「お客様に無視されるのなんて当たり前なのだから、気にしない方が良いよ」という言葉）を聞きながら、スタッフはもう半分、上の空といった様子でした。そうして、ガッカリした様子でさっさと部屋を出て行ってしまったのです。

私は、親身になって相談に乗ったつもりだったのに、相手から受け入れられていないような気がして、寂しく思いました。

●相談者を〝置き去り〟にしていませんか？

スタッフの役に立とうとしたのに、相手は浮かない顔をしている。**そんなときは、たいてい相手を置き去りにして自分ばかり話してしまっている、もしくは、相手のこ**

とを引き出す会話が不足しているときです。

このケースの場合、「お客様にウザがられているような気がして」という返事をもらいました。それなのに、私はスタッフがなぜ、そのように考えてしまったのかを聞き出しもせず、自分の体験談を話すのに終始してしまいました。

「そう思うこともあるよね。何か、そう感じるようになったきっかけがあるの？」

こんな風に、相手がどのような経緯でそのようなことを考えることになったのかを引き出せるような会話を続けていけば良かったのです。そうすれば、もっとスタッフのことを知れましたし、それに対して、よりスタッフに合わせた具体的なアドバイスを伝えられたでしょう。

スタッフの多くは、**自分で話をしながら自分なりに解決策に気づいていく**ものです。このときの私の対応では、本人の考えるきっかけ作りには繋がりません。

相談に乗るときは、「相手がその発言をしたのはなぜなのか」を丁寧に掘り下げていきたいものです。

●〝素直な疑問〟から話を広げる

コロナ禍のとき、オンラインで販売員から相談を受ける時間を設けました。みんな、それぞれ自分の業界の未来について思い悩んでいました。

「このままでは、実店舗がＥＣショップ（ネットショップ）に取って代わられてしまう。自分がこのまま販売員を続けられるか不安だ」という販売員。私は、

「なぜそのように感じたのか？」

「心配になったきっかけはあるのか？」

「自分で取り組んでみたけれど、上手く行かなかったことはあるか？」

などを聞き出していきました。

私は自分が販売員だったとき、コロナ禍を経験したことはありませんでした。ですから、自分の体験談などを話すことはありません（そもそも、出来ません）。

ただただ、相手が話してくれることに対し、「そう考えた経緯は何ですか？」な

ど、**相手が答えてくれたことに対し生じた疑問を、素直に聞いてみました。**

私がしたことはただそれだけだったのですが、そのうち質問をしなくても、販売員から自分の身の回りに起こったこと、自分で考えていることを途切れなく話してくれるようになりました。それに合わせ、私は、

「そのように考えているなら、店での気づきを、まずはメモを一つずつ取ることから始めれば良いのではないでしょうか」

と、具体的にアドバイスしました。販売員は目を輝かせ、やってみますと元気に答えてくれました。

●〝一般論〟に頼らないアドバイスが印象的な上司を作る

相談に乗るときに心がけたいのは、一般論ではなく、相手に合わせた言葉を伝えることです。そのためには、相手がどのような経緯でその悩みにたどり着いたのか、どうしたいと思っているのか、など、相手のことを掘り下げる会話が必要です。

相手のことを知らないから、アドバイスが一般論になってしまうのです。

相手と会話をしながら、相手の考えていることを掘り下げていくには、どうすれば良いでしょうか。

それは、**相手が話してくれたことに興味を持ち、質問をすること**です。そうすると、自分では考えてもいなかったような意外な考え方にたどり着き、アドバイスの内容も変わってくることがあります。

印象に残る、相談して良かったと感じる会話は、このように相手のことを知ることが大切なのです。

CASE 5

若手に「アドバイス」を素直に受け入れてもらえる技

POINT

ダメ出しだけする上司には、思わず反発したくなるもの。普段から話し慣れ、意見を取り入れやすくしましょう。

●良かれと思ってのアドバイスに、なぜ若手は反発する？

こちらは良かれと思ってアドバイスをしても、相手は自分を否定されたと思って落ち込んでしまったり、反発してしまったりすることがあります。

チームの業績を上げていくためには、スタッフへのアドバイスは必要です。ですが、そのためにテンションが下がり、チーム内の士気が低下してしまっては、逆効果になってしまいます。**お互いにアドバイスが気軽に出来るようになるためには、日頃からの声の掛け合いが欠かせません**。

私がエリアマネージャーだったときの話です。業績が低迷していた店の立て直しをするために、新たに担当した店舗に行くことになりました。

その店舗は、スタッフの接客レベルの低さが目立ちました。そこで、私は早速スタッフ指導に取りかかることにしました。スタッフの接客が終わったら「もっと早く声掛けした方が良い」と伝え、接客のロールプレイングを行って、細かく指摘する、を繰り返しました。

しかし、状況は良くなるどころか、悪化するばかりです。店全体がどんよりと暗い空気になり、私が指導にあたる日はいつも売上が下がってしまったのです。

この状況にただでさえ悩んでいた所に、その店に古くからいた店長は苦い顔をして言いました。

「いきなり外部から来て、コミュニケーションもろくに出来ていない状態で、相手の悪い所を指摘するばかりでは、みんな到底、あなたの言葉を受け入れられない」

私は、スタッフに指導するとき、アドバイスとして伝わるよう、伝え方にもかなり気を使っていたつもりだったのです。しかし店長のこの一言で、焦って空回りしている自分に気がついたのでした。

●注意の倍以上、挨拶や声掛けをしよう

アドバイスをする際、先に相手を褒めてから指摘する、などのノウハウはよく知られています。

しかし、どれだけ工夫をしても、相手にとっては「悪い所を指摘された」と感じてしまうものです。1回だけならまだしも、長い間チームを組んでいて、なおかつずっとそれが続けば、相手も嫌になってしまうでしょう。

アドバイスを快く受け入れてもらえる（もしくは、自分もアドバイスを返してもらえる）ようになるには、その下地となるお互いのコミュニケーションが、とても大切なのです。

冒頭の店指導の反省があり、それ以降、私はスタッフとのコミュニケーションを以前より意識するようになりました。

例えば、**担当店につくと、自分から挨拶をします**。同席しているときにお互いの沈黙があったときは、私から話題を振るようにしていました。そして、世間話をしたり、こまめにお礼の言葉をかけたりしていったのです。

「この間送ってくれたメール、とてもわかりやすかった」

「いつもすぐに片付けてくれてありがとう」

こうしてコミュニケーションを続けるうち、スタッフも**「この人は、注意のときだけ声を掛けてくる人ではないんだ」**と理解してくれるようになりました。

そして、私は日頃から世間話のように気軽に「お客様がもっと居心地の良い店にしたい」と、話すようにしていました。スタッフは日常的なやり取りから、私が何を考えているのか理解してくれるようになりました。

「この人は、『お客様がもっと居心地の良い店にしたい』と、目的を持っている。そのために、この人は私たちにアドバイスをしているのだ」

このように知ってもらうことで、私たちは店の雰囲気を崩すことなく、売上アップに向かうことが出来たのです。

●「支持されるリーダー」が自然にしていること

スタッフの目についた行動ばかりを指摘していると「この人は自分のミスばかりを言ってくる」と、相手の不信感が募ってしまいます。

そんなときは、**普段から話し慣れ、コミュニケーションの下地を作ることが大切**です。

若手に自分を完全に受け入れてもらうのは難しいですが、意図や目的を自然にわかってもらえるようにすれば、相手はアドバイスを受け止めやすくなります。

目上の人にはスタッフから話しかけるもの。上司からの注意をありがたく思うべき。などの価値観を見直し、相手はどうしたらアドバイスを聞きやすいだろうかと、考えてみましょう。

CASE 6

若手と良い雰囲気を作る雑談の仕方

POINT ハラスメントを意識し過ぎて、会話の乏しい、どんよりした職場になっていませんか？

●「雑談がない職場」の意外な落とし穴

仕事をするにあたり、**チーム内の士気を高め、良い雰囲気を作り出すために、雑談があると仕事の相談がしやすくなることがある**でしょう。

しかし、最近では「休みの日は何をしているの？」など、プライベートなことを聞くとハラスメントになってしまう場合もあります。どのように会話の糸口を見つけ、コミュニケーションに繋げれば良いでしょうか。

ある店で接客のレクチャーを行ったときのことです。

お客様は雰囲気の良い店に入店しますので、和気あいあいとしたムード作りは、店の売上にも繋がってきます。私が担当した店は、入社したスタッフに年齢のばらつきもあり、スタッフ間のコミュニケーションが希薄で、よそよそしい空気が流れていました。

お客様がいるのに大声で品なく笑うことは避けたいものです。しかし、明るい雑談などがなく店に活気がないのは、販売という仕事の精度を下げる理由になると感じたのです。

●ハラスメントにならない「会話の切り出し方」

店長に話を聞いてみると「若手と雑談をしようにも、何を話して良いかわからない」と返ってきました。この店長は、スタッフの服のことを褒めたり、休みはどこにいったのか聞いたりすれば、ハラスメントになる、と心配していたのです。

そこで私は、

「『（私は）休みの日、何をしたら良いと思う？』と若手に聞いてみるのはどうか」

と提案してみました。店長が早速実践してみた所、スタッフからは、

「普段は何をしているんですか？」

「私は最近、映画を見に行ったんですけど」

と、案外楽しそうに反応してもらうことが出来ました。いつもならシーンとなってしまう店も、スタッフ同士で笑い合う時間ができ、スタッフの間で伝達がスムーズになるようになりました。

●「ほど良い雑談」が生産性を高める

「プライベートな情報は仕事には必要ない」といいますが、私は必ずしもそうとは思いません。スタッフ間のコミュニケーションを円滑にする上で、時にはそういった要素も仕事には重要です。ちょっとした業務の引き継ぎを言いそびれたり、遠慮しすぎたりで、仕事がスムーズに進まないことがあるからです。

ダイレクトに相手について聞くのに抵抗がある場合は、

「私は、どうしたら良い？」

と他愛もなくゆるい相談を持ちかけることが、プライベートに踏み込み過ぎない、お互いの距離を縮めるきっかけ作りになるでしょう。

CASE 7

一見、雰囲気が良い職場こそ、お互いの「本音」を汲み取る工夫を

POINT

仕事の優先度や重要度は、思っている以上に人それぞれ。時間を決めて、意思疎通をしましょう。

●「表面的には仲良し」の職場ほど不満が溜まりがちな理由

チームで団結力を高めていこうとしても、スタッフ同士の些細な不満が溜まってしまい、上手く行かない場合があります。「私だけ雑務をやっている」「あの人は周りのことを考えない」など、自分ばっかり頑張っていると感じているスタッフはいないでしょうか。

このような状態では、なかなか新しい施策を広めることは難しいものです。**お互いの誤解を解いて、前向きに仕事に取り組むためには、お互いの考えを知る必要があります**。

ある美容室で、チームワークを円滑にするためのミーティングをしていました。その美容室は、表向きはとても仲が良かったのですが、裏ではお互いの愚痴が噴出していて、決して雰囲気が良いものではありませんでした。

事情を聞いていくと「トイレの清掃は当番制なのに、いつも私がやっている」と、答えるスタッフがいます。どうやら、きちんと仕事の分担が出来ていないようだということがわかりました。

そこで私は全体ミーティングのときに、こう聞いてみました。

「みなさん、トイレ掃除などは分担出来ていますか？」

しかし、どのスタッフも「仕事はちゃんと分担出来ている」と答えるばかり。「いつも私ばかりやっている」と不満を口にしていたスタッフが、黙って俯いているのを見て、私は「しまった」と感じました。

●なぜ「自分ばかり」と感じるスタッフが出てしまうのか

全体へ向けての確認や指示では、この店の問題をますます深くしてしまう。そう思った私は、その後、スタッフと一人ずつミーティングをしてみることにしました。

すると、**トイレ掃除などは、どの人も「一応やっていた」ということがわかりまし**

た。しかし、**トイレ掃除のレベルが人によってバラバラです**。「便器の中をブラシでささっとこするだけ」の人もいれば、「床や壁なども徹底的に磨く」人もいて、様々だったのです。前述の「私ばっかり掃除をしている」と感じていたスタッフは、掃除が終わっている所にさらに入念に手を加えていたため、「自分ばっかり」と感じていたのでした。

● お互いの「仕事レベル」をこまめに確認する

そこで、みんなで当番制にしたり、分担して行ったりする業務について、何をどのくらいまで行えば良いのか、程度について話し合いました。

すると、**それぞれの人にそれぞれの言い分がある**、とわかりました。例えば、さささっと済ませてしまう人には「忙しいのに、床や壁を毎日拭いていられない」などの意見がありました。また、トイレ掃除に長い時間をかけ過ぎている人がいることで他の仕事がまわらないと不満があった、ということもわかりました。

分担した仕事について、それぞれで意見を交わすことで、お互いが持っていた誤解を解くことが出来たのです。例えばトイレ掃除一つ取っても、

・どのくらいの時間をかけるか
・何を掃除するか
・日々やり切れないことはいつやるか

を話し合ううちに、今まではお互いの空気を読み合い、聞けなかったことも、それぞれが確認出来るよう変化していきました。

この美容室は他にも些細な不満が散見されましたが、**1週間に1回は、営業時間前に20分の「仕事の優先順位と理由を話す時間」を設ける**ようにしてもらいました。こうすることで、仕事についての考え方が交換されます。

それによって、憶測で相手を判断することが減り、以前漂っていたギスギスした雰囲気が徐々に薄まっていきました。

●仕事仲間の「本音」を知ると、お互いスムーズに動ける

少人数のチームである場合は特にそうなのですが、表面的には仲が良いものの、それゆえに不満を言い出しにくい。そんなチームは多いものです。

ですから、**時間を決めて、お互いの仕事への考え方を整理するようにしましょう**。このような時間はついつい後回しにされがちですが、不満を溜めず仕事をする上でとても大事なことです。放っておくとチームの動きが停滞するどころか、退職者を出すことにも繋がってしまいます。

何をどうしたいのか、どの仕事についてどのように感じているのか。お互いが考えていることを知ることで、チームワークが円滑になり、いきいきと仕事を進めていけるのではないでしょうか。

CASE 8

「報告がダラダラ長いスタッフ」から効率的に話を聞くコツ

POINT 何が言いたいのかわかりにくい愚痴には「一緒に出来ることはある？」と聞き、具体的な行動へ繋げます。

●スタッフの〝愚痴大会〟に丁寧に付き合う必要はない

若手に任せている仕事の状況や進言を聞くこともあるでしょう。その際、話がだらだらと続き、要点を得ていないときは、ないでしょうか。しかもそのような機会が何回もあれば、話を聞くのに内心、うんざりしてしまうこともあるでしょう。しかし、話を流してしまえば「あの上司はスタッフの言葉に耳を傾けない」と不満がたまり、時には大事な情報を聞き逃す場合もあります。

スタッフからの報告を充実させるためには、**聞く側が「司会になる」を意識してみましょう**。

私がエリアマネージャーになりたてだったときの失敗談を紹介します。担当店舗の店長にはいつも「お客様の声があったら聞かせてね」「スタッフの教育で悩んだらいつでも相談してね」と伝えていました。すると、たびたび店長から電話や面談を希望されるようになりました。最初は自分が頼りにされていると感じ、喜んでいました。
しかし、すぐに困ることが起きました。その店長の話の内容が愚痴だらけなのです。

「最近入った新人が、全然仕事を覚えようとしてくれない」

「うちの店に来るお客様のマナーが悪くて、接客する気になれない」

など、延々と愚痴が続きます。**しかも、話はコロコロ脱線し、結局、私に何を伝えたかったのかがわかりません**。

とはいえ、店長の相談を聞かないわけにもいきません。最初は親身になって聞いていましたが、やがて時間がないことを口実に断るようになってしまいました。すると、店長から「あのマネージャーは全然話を聞いてくれない！」と非難されてしまい、新人のエリアマネージャーだった私は、頭を抱えました。

●相手の〝感情〟に巻き込まれず話を聞く方法

ある日、その悩みについて先輩のエリアマネージャーに相談した所、先輩のミーティングに同席させてもらうことになりました。

ミーティングの相手である店長の話は、「新人のやる気がない」というもので、先輩は、そんな店長の話を聞きながら、こまめに相づちを打っていました。

先輩が私と違ったのは、この先です。

「今の話は、新人に自分から動いて欲しいということかな」

「○○さんは、それが問題と考えているのね」

と、共感するだけでなく、話していることを時々まとめて、話の方向性が逸れていないかを都度、確認していました。

また、新人の人間性について非難するような愚痴が続いたときは、

「私に助けて欲しいことは何かな？」

「一緒に出来ることはあるかな？」

と、相手の意思を聞いていました。つまり、**店長の愚痴や会話を、具体的な改善策や行動に繋げられるように配慮していた**のです。

ただ相手の話を聞くだけでなく、どうしたいのか一言をかける。

たったそれだけのことで、会話がコンパクトにまとまり、目標も設定出来ます。その様子を目の当たりにした私は、びっくりしながら二人を見つめていました。

●"ただ相手の話を聞く"ではなく「解決のヒント」へ導く

人が誰かに相談をするときというのは、「ただ、話を聞いて欲しい」ということもあるでしょう。上司や先輩として、相手のその要望に応えてあげたいという思いもあると思います。

それで相手がやる気になり、解決のヒントが見つかることもあります。しかし、大抵は根本的に解決せず、同じ相談が繰り返されてしまうでしょう。相手も「ダラダラと話せば、上司はこちらの問題を汲み取ってくれるものだ」と思うようになり、結果、常に「愚痴の吐き出し役」としてあなたを認識するようになります。

司会者のように、要所要所で話をまとめ、解決に向けて何をしていきたいか聞いていきましょう。こうすると、会話がピリッと引き締まり、**相手も「これは雑談ではなく、問題解決のための話し合いの場なのだ」と理解してくれるようになります**。

話しにくい状況を作り出してしまうのではなく、相手が話をしながら問題解決に向かえるよう、司会として相手を導いていきましょう。これが出来るようになると、双方にとって良い効果をもたらすのです。

CASE 9

チームにポジティブなムードをもたらす「投げ掛け」とは？

POINT 空元気は白けちゃう!?　ちょっと楽しい未来の話でガス抜きをすると、良い雰囲気になります。

●思わず「うふふ」と笑顔になれる話を

状況が悪いときほど、チームに少しでもポジティブなムードをもたらしたいものです。しかし、空元気を出してテンションを上げようとしても、スタッフはかえって白けたり疲れたりしてしまいます。みんなが無理なく明るい気持ちになるためには、どのような行動が出来るでしょうか。

私が店長だったとき、売上が悪いときは、必ずどんよりとした空気が店内に漂っていました。店頭でのスタッフ同士の会話や、休憩中での雑談も何となくギスギスしていて、愚痴も増えます。これでは、雰囲気の悪さがお客様に伝わり、ますます売上に影響してしまいます。

そこで、私は精一杯明るく振る舞ったり、スタッフの愚痴に共感して会話を盛り上げたりすることで、重い空気を明るく変えようとしました。

しかし、スタッフは私の盛り上げに渋々付き合っているといった様子で、状況は何も改善しませんでした。私も空元気が続き、疲れてしまいました。

あるとき、本社からエリアマネージャーがやってきました。このエリアマネージャーが来ると、いつもスタッフの表情が明るくなります。一体なぜだろうと不思議に思い、この人の言動をしばらく観察してみました。

すると、**このエリアマネージャーのスタッフへの会話の投げ掛けが、ちょっとほっこりするような、前向きなものだ**と気づきました。例えば、

「今日、お夕飯は何を食べたい？」

「もし5億円もらったら、何がしたい？」

話しかけられたスタッフは「何が良いですかね」と一瞬、仕事の手を止めて、思わず顔がゆるみます。

「おでんが良いです」

「5億円もらったら、まずは貯金して、それから……」

など、取り留めのないことを話しながら、彼らは自然に笑い合いました。そういうときは決まって、少し張り詰めていた店内の空気が和らぎます。こうして、このエリアマネージャーが来店したときは、スタッフの表情が自然に柔らかくなっているのでした。

●“ちょっとしたガス抜き”こそ重要です

スタッフを盛り上げようと元気いっぱいに振る舞っていると、「どこか無理をしている」ことがスタッフにも伝わってしまいます。何より、「何とかしなければ」と焦っているこちらの空気が伝わると、相手はまるで少しの隙も許されないような気持ちになり、むしろ逆効果でしょう。

先ほどの事例で出た「夕飯は何が食べたい?」などの言葉は、仕事には全く関係ありません。しかし、「夕飯には美味しいものが食べたいなあ」「5億円あったら、あの街に平屋を建ててみたい」といった具合に、考えるとちょっと楽しいことを思い浮かべると、自然に和やかな気持ちになりますし、何より、スタッフ同士で素直に笑い合うことが出来ます。

こうした会話は、ミーティング前のアイスブレイクや、エレベーターを待つときのちょっとした間、駅まで一緒に歩くときなどの雑談にもおすすめです。仕事のことばかりだと、何となく空気が解れないし間が持たない。かといって、どんな話が盛り上がるのかわからない。そんなときは**「ちょっと楽しい未来の話」**をしてみましょう。

ちなみに、この話を聞いて、「店舗の状況が厳しくて、スタッフに緊張感を持ってもらわなければならない。だから仕事と関係のない雑談で、店舗の空気を和やかにしている場合ではない」と考える人もいるかもしれません。しかし、**スタッフ自身、たとえ上司や店長が何も伝えなかったとしても、自分の職場の危機感は、何となく感じているもの**です。であれば、少しガス抜きして、相手との距離感が近くなった所で仕事の話をしてみるのはいかがでしょうか。今まで聞けなかった本音が聞けることもあるでしょうし、むしろそこから、打開策が見つかるのではないでしょうか。

第2章

「そう言われてもなあ」を「ちょっとやれる気がしてきた」に変える

CASE
10

「～だから、○○出来ない」を「チャンス」に変えるには？

POINT
成果の足かせになっている問題。スタッフに視点を変えてもらい、チャンスに変えましょう。

●小柄なお客様に「ロングスカート」をすすめるなら？

全てが上手くいく仕事があれば良いのですが、なかなか思い通りにはいかないものです。例えば「暑いから、服が売れない」など、何かの足かせで上手くいかない場合、どのようにアドバイスをすれば良いでしょうか。

ある商業施設で、ＰＯＰを作ることになりました。ＰＯＰは、価格の安さを伝えるだけでなく、お客様が気づいていない商品のメリットを伝える役割があります。例えば、身長の低い方が「裾を引きずるから」と手に取りにくいロングスカートは、「小柄さんでも着られるロングスカート」と記載したＰＯＰを付ければ、グッと興味を持ってもらえるようになります。

ＰＯＰを作る上で大切なのは、お客様が「きっとダメだ」と諦めていることを探すことです。販売員に、

「お客様が、『○○だから△△出来ない』と考えていることはありませんか？　また、それは何ですか？」

と質問した所、多くの回答からヒントを得られました。

「冬は一般的にはニットが売れる季節だが、チクチクするから着たくない、というお客様も一定数いる」

「子育てをして動きやすい服を着たいけど、そういう服はどうしても部屋着っぽくなるから、そのまま外に出られないと思っているお客様がいる」などです。

そこから生まれたＰＯＰのコピーが、

「ニットだけど、チクチクしない」

「イージー普段着なのに、ちょこっと社交もバッチリ」です。

お客様が、自分には無理だと思っている誤解を解消するＰＯＰを作ることで、お客様が手に取る機会を増やすことが出来ました。

●視点を変えるだけで、「足かせ」は「チャンス」になる

このように「出来ない」と思っていることを「出来るようにするにはどうしたら良いか」に視点を変えてもらうと、相手に興味を持ってもらえるようになります。あるコンサルタントの方が、こんな話をされていました。

「スティーブ・ジョブズは、『外だからインターネットが出来ない』を『外でもインターネットが出来る』に変えることが出来た。『出来ない』と感じたことは、イノベーションに通じる」

これを聞いて、まさにその通りだと感じました。

先ほどの私の話ではPOPを例にしましたが、他の仕事でも全く同様です。スタッフが「お客様が少ないから売上が取れない」「話すことが苦手だから接客出来ない」と、出来ない理由を並べて自信をなくしていたら、「それはむしろチャンスなのだ」と伝えてみましょう。

CASE 11

その分担、スタッフの「やる気」を下げていませんか？

POINT 「任されないから、私には不向き」と思われないために、普段から意見を通わせる気遣いをしましょう。

●スタッフにそれぞれ別の仕事を頼みたいときは

仕事は適材適所で分担したいものです。しかし、分担の仕方によっては、スタッフがやる気をなくしてしまう場合もあります。

例えば、特定の仕事をAさんばかりに指示すると、Bさんは「あの仕事は、私には向いていないんだ」とネガティブな気持ちになってしまうのです。

たとえ指示した側にそんなつもりはなくても、指示の仕方によってはスタッフの自己肯定感を下げかねないのだと、よくよく意識しておきたいものです。

私が店長だったときのことです。店舗では接客の他に、納品された商品の整理、陳列、SNS投稿など、様々な仕事があります。最低限の人数でそれらを行う必要があるので、なるべくその仕事に適した人を当てはめるようにしていました。

Aさんはコーディネートするのが得意だったので、新商品が届いたときにその商品を使ってマネキンに着せるコーディネートを考えてもらうよう指示をしていました。一方、Ｂさんは商品を効率よく倉庫に納めるのが得意だったので、Ｂさんには商品整理をお願いする機会が多くありました。

あるときＡさんが休みだったので、Ｂさんにマネキンのコーディネートを組んでもらうことにしました。しかし、いつも仕事に取りかかるときは素早いＢさんが、そのときはなぜか考え込んでしまい、なかなかマネキンが完成しません。

どうしたのかと問うと「私はコーディネートを作るのが下手なので」とすっかり自信をなくしている様子です。

なぜそう思うのかと訳を聞いてみた所、

「いつもAさんにばかりコーディネートの指示があるので、自分はコーディネートのセンスがなく、センスやスキルが駄目なのだ」

と、思い込んでいました。

私には全くそんなつもりはありません。しかし、自分が知らないうちにＢさんの自信を削いでしまっていたのだと自覚し、深く反省したのでした。

●「私は仕事が出来ない」と思わせないための配慮を

仕事には、一見「華やかに見えるもの」と「地味なもの」があります。商品を管理する仕事よりも、飾り付ける仕事の方がセンスが要るように見えますし、相談相手として声を掛けられる回数が多い方が、上からより頼りにされているような印象になります。

もちろん、指示している側とすれば、どの仕事も重要だからこそ相手に任せています。しかしそれがきちんと伝わっていないと、一見、地味な仕事を任されるスタッフに、**「私は仕事が出来ないから、それをやらせてもらえないんだ」と劣等感を生じさせてしまうことがある**のです。

こうなってしまうと、いつも任されることのない仕事に対してスタッフの苦手意識が生じ、ますます任せにくくなる状態が起こります。

現在は、少ない人数で仕事をしているチームが多いでしょう。何かの業務が得意なＡさんが休みのとき、別のＢさんがそれをカバーすることもあり得ます。そのようなとき、Ｂさんが引け目を感じずに仕事に臨めるようにする気配りが、普段から必要です。

●「あなたを尊重していますよ」というメッセージの伝え方

講師になったとき、**スタッフへの指示でやる気を引き出すのが上手な店長**に出会いました。その方はスタッフの特徴を見極めて指示を出すのが上手く、またスタッフへの気づかいに長けた人でした。

私が店舗で様子を見ていると、自分の仕事の合間によく指示を出していました。そのときはちょうどＡさんがＳＮＳに載せる写真を撮る所でしたが、同時に納品されてきた商品の整理が必要でした。

どうしてもＳＮＳ業務の方が華やかな印象ですが、店長は、**「Ｂさんに商品の整理をお願いすると、スタッフの事を考えながら商品を取り出しやすく工夫してくれる。気づかいが出来るＢさんに、ぜひこの仕事をお願いしたい」**と声をかけていました。これを聞いたＢさんは、「頑張ります！」と元気な返事で、倉庫へ向かっていきました。

また、この店舗ではスタッフに特定の仕事に苦手意識を感じさせないよう、お互いが任された仕事について、意見を言い合う体制にしていました。

この例で挙げれば、ＡさんがＳＮＳ用に撮影した写真をＢさんにも見せて意見をもらっている、Ｂさんは倉庫整理した過程をＡさんに説明する、といった具合です。

ちょうどこの場を見たのですが、それぞれが真剣にアドバイスをし合っていました。**それぞれの仕事の良い所を学び合い、ポジティブな雰囲気作りが出来ている**のを感じました。

● みんなが平等に力を発揮できるように

適材適所を判断して仕事を任せるのは、円滑に業務を進め、早く終わらせる上で大切なことです。その上で、他のスタッフに「自分がこの仕事が苦手だから、他の人に仕事を回されてしまった」と感じさせないようにしましょう。

特に**入社した時期が近いスタッフが何人かいる場合や、お店の中で若いスタッフに重要度が高い指示を出す際には、いつも以上の気づかいをしたいもの**です。それが、店の雰囲気やチームの繋がりの明暗を分けます。

人には向き不向きがありますが、「人からも自分はこの業務が不向きだと感じられている」ということが本人に伝わると、ますます苦手意識が強まってしまうものです。繊細な問題ですが、このような気づかいがスタッフの気持ちを盛り上げ、楽しく仕事をしてもらえるようになります。

また、このように分担して仕事が出来るチームは、メンバーの異動や退職があった際に影響を受けにくくなります。意見をもらい合っているうちに、互いのスキルが高まるからです。

一人を引き立てるのではなく、スタッフ同士で良い部分を学び合えるのは、チームの理想ではないでしょうか。

CASE
12

若手に自信を持ってもらうには、「本人の努力」を褒める

POINT やみくもに褒めるのはNG。その人自身の考えや行動を肯定する言葉で信頼感がアップ！

●嬉しい褒め方、空回りする褒め方

チームが新しいアイデアを生み出し、自発的に考えて仕事をするには、メンバーにそれぞれ自信を持ってもらいたいものです。そのためには、褒めることも一つの手段です。しかし、ただ闇雲に褒めるのではなく、**〝スタッフが自分の成長を実感出来たとき〟に褒めると効果的**です。

私が講師として、店舗で接客指導を行っていたときのことです。スタッフの行動を見て、「試着室で試着しているお客様のために、サイズ違いの商品を用意しておく心配りが素敵ですね」と伝えました。すると、そのスタッフには「だって、そうするように店長から言われていたので」と、意外にも複雑な顔をされてしまいました。

褒められて自信がつくのは、その人が自発的に力を発揮した場合に限ります。この例のように、指示されたことや、自分で納得して行っていないことに対して褒められても、「それは自分の実力ではない」と、嬉しい気持ちが半減してしまうのです。
チームに自信をつけてもらうには、**「自分で考えた」「（人から指示はされたけど）努力して出来るようになった」**行動など、本人が自分の努力を実感しているときに褒めましょう。自分の考えがこれで良いのだと肯定されると、人は大いに自信を持つことが出来ます。

●「数字や成果」以外にも、褒めるべき所はこんなにある

先ほどの例から数カ月経ったある日、店舗で指導する機会がありました。スタッフが試着室で接客をしている様子を見ていた私は「コーディネートするスカートを持っていって、お客様が喜んでいましたね」と褒めました。案の定、「だって、店長から用意するように言われたので」と謙遜されたのですが、私は重ねて、こう伝えました。

「数あるスカートの中でも、お客様の雰囲気に合うぴったりの商品を選べたのは、A

さんの経験ですね。その視点は素晴らしいです」

すると、そのスタッフは、「自分では『これで良いのかな』と思っていたのですが、それなら良かったです」と、はじめてはにかんだ笑顔を見せてくれました。

それ以来、私は、

「今までの積み重ねですね」

「〇〇さんのアイデア、私は気が付かなかったです」

など、その人自身の考えや行動を肯定する言葉をかけるようにしました。

売上など数字が重視される世界では、成績が上がらないときは特に、自分の行動に自信が持てないものです。だからこそ、その人の努力や方向性を評価しましょう。その人が、何を頑張っているのか、どのような考えを持っているのかを、よく観察し、向き合ってみると、相手を肯定する言葉をかけられるようになります。**その人そのものを肯定する言葉をかけていくことで、相手との間に信頼感が育まれていきます。**

CASE 13

「あの人は私とは違うから」を「私もやってみよう」に変える方法

POINT スタッフが「私には無理」と戸惑っている理由を引き出し、まず「手を動かせること」を指示しましょう。

●動いてもらうには、具体的で細かい「指針作り」から

社内で新しい試みを行う際、まずは一部のチームや店舗から成功例を作り、そちらに追随してもらおう、とプロジェクトを進める場合があります。そのようなとき、それ以外のメンバーから、**「うちは、あの人達とは違う（から、出来ない）」「あの店とは条件が違う（から、出来ない）」**と突っぱねられてしまい、壁にぶち当たるケースは、業界を問わずよく聞かれます。

このようなときは、一部を肩代わり出来る仕組みを作り、まずは少しでも手を動かしてもらう所から始めてみましょう。

私は企業に顧客視点の文化を根付かせる仕事をしています。しかし、どの企業のスタッフも、入社してきた時から、売上を優先する意識が根付いているため、全ての行動が「自分たちの視点」になっている場合がほとんどです。

そこで、まず一部の店舗から顧客視点での業務に取り組んでもらい、数字やお客様からの評価に繋げてもらいました。ある程度実績が出来たある日、店長会議で、先行して結果を出した店の事例を伝えました。他の店舗も実践してもらうように促しましたが、店長たちは、「うちはスタッフも少ないし、優秀な人材もいません。無理です」と苦笑いするばかりです。

そこで、エリアマネージャーに、担当店の店長たちとミーティングをしてもらうことにしました。話をしてみると、**店長たちが及び腰だった本当の理由は、「面倒くさい」「自信がない」「(忙しくて)それどころじゃない」でした。**みんな目の前の予算達成に追われ、自分たちで行動を組み立てるどころではなかったのです。

私達は、店舗でまずは、小さな行動から起こしてもらうことにしました。顧客視点になって考える上で、自ら判断し、行動してもらうのがベストです。しかし、何も始まらないのでは意味がありません。そこで、具体的で細かい行動指針をまずは指示しました。

「入店したお客様の表情を、1日1回、メモしてください」

「お客様と会話して、印象に残っていることを、1日1回、スタッフ同士で振り返ってください」

そして、それをエリアマネージャーにフィードバックしてもらいました。

最初は〝やらされている感〟があった店長達ですが、フィードバックの中で、「成功した店も、まずはそこから始めた」「今、とても良い状況で進んでいる」と声をかけてもらっていると、次第に自分たちを肯定出来るようになり、良いスタートを切ることが出来ました。

「あの例を見習って」だけでは、周りの人はつい反発したくなりますし、何から手をつけたら良いのか、戸惑ってしまうものです。**小さな一歩を踏み出すためには、その人がなぜ戸惑っているのかを引き出し、どうしたら最初の一歩が踏み出せるのか、一緒に考えてみましょう**。最初はすぐに行動に移せるものを指示し、段々と自分たちで考えていくような指示にしていきます。

このような過程を経ながら、自信とやりがいを積み上げてもらいたいものです。

CASE 14

「仕事の指示」よりも、その後の「フィードバック」を丁寧に

POINT 指示を出して終わり、になっていませんか？こまめに状況把握をし、軌道修正するのが成功の鍵です。

●なぜ「フィードバック」がこれほど重要なのか

スタッフに仕事を指示するまでの間にも、指示する側には様々な仕事があります。目標に基づいた問題提起をし、改善案を考えて、具体的な指示を出す。それもスタッフに合わせた指示方法で、です。

こうして書いてみるだけでもたくさんあります。こうなると、指示を出したら一仕事終えた、という気持ちになりがちですが、**実は、一番大切なのはスタッフに対するフィードバックなのです**。

ある店で接客指導をした後のことです。店頭での研修は、その日だけでは身につきません。そのため、私が帰った後も、店にいる販売員たちに指導内容を実践し、身につけてもらうことにしました。お客様をお出迎えする姿勢や、声かけの際の表情など、アドバイスした内容は多岐にわたったのですが、まずはそれをリスト化し、一つずつ実践してもらうことにしました。

「週ごとに目標を決め、それに合わせて毎日どのようなことをするか、チェックしてみましょう」と細かく伝え、これで大丈夫、と安心していました。

ところが、ある日、店の前をこっそりと通ってみた所、何も改善されていなかったのです。そこで私は、自分のやり方は何か間違っていたのではないか、と焦りました。帰ってから店を管轄しているエリアマネージャーへ連絡し、指導にあたった店舗の店長たちと面談をしました。そして、どのように研修後に実践しているのか、ヒアリングを行いました。すると、リストには「今日は、歓迎感を上げる」「ヒアリングを徹底する」といった、抽象的で大まかなものが並んでいることがわかりました。

　リストにする際は、「1時間に1回、自分の表情を鏡で確認する」など、すぐに起こせる行動や回数を書くのが望ましいのです。ですから、そのときの店長との面談では、具体的なリスト作りを心がけてもらいました。

　その後、店では着実に数字が伸び始めました。

私は、**指示してそこで満足するのではなく、振り返りをこまめに行い、軌道修正していく大切さ**を痛感したのでした。

指示を完璧にすれば後は全て上手くいく、とは限りません。むしろ、完璧というものは存在せず、状況によって変化が必要になることがほとんどです。そう考えると、**「指示の時間」よりも「フィードバック」に比重を置いた方が、物事が良い方向に変化しやすい**とわかります。

もちろん、アバウトすぎる指示でスタッフが戸惑ってしまえば、その時点で行動に移してもらえません。かといって指示を投げっぱなしにしても、何も状況は変わりません。**実際にまずはやってもらって、「改善点があれば、後からどんどん良くしていこう」と伝えていけば**、スタッフもそれに従いやすくなります。意見も出しやすくなりますし、実践もしやすくなるでしょう。

フィードバックに力点を置いている姿勢をスタッフに見せるためにも、指示に対してフィードバックする時間配分も気をつけていきたいものです。

CASE 15

指示とフィードバックの日時は「同時に設定する」

POINT

スケジュールに組み込んでおくだけで「フィードバックしよう」とお互い言いやすくなります。

●ついつい忘れがちなのが「フィードバック」

前項では、指示よりもフィードバックに比重を置くと良い、ということに触れました。しかし、フィードバックは日数が経つとつい後回しにしがちで、時間が取りにくくなってしまうものです。そんなときは、**指示を行う日にフィードバックをする日程を決めてしまいましょう**。

私が店長だったときの話です。接客力アップを目指し、1人ずつに課題を設定し取り組んでもらうようにしました。最初はスタッフもやる気になっていたものの、だんだんと自分からは実行しなくなりました。なぜかというと、私が忙しさを理由にフィードバックを先送りにしたためです。

そのうち、異動のシーズンとなりました。スタッフからは去り際に「平山さんは忙しいから仕方ないですよね。**でも、本当はフィードバックして欲しかったです**」と悲しそうな顔をされてしまい、自分の不甲斐なさを感じました。

先ほどと同じ店舗で異動したスタッフと入れ替わり、新しいスタッフが異動してきました。そのスタッフにも課題を出したのですが、その際、こう聞かれました。

「フィードバックはいつやりますか？」

驚いてわけを聞いてみた所、このスタッフが異動する前の店舗では、課題と同時にフィードバックの日程を決めて、確実に予定を空けておくようにしていました。

それを聞いたときは、「そんなのまだ早いし、直前に予定が変わることもあるかもしれない」と、ためらいましたが、他の店がそうしているなら自分たちもしてみるか、と真似することにしました。

すると、**驚くほどスムーズに、スタッフ全員にフィードバックが出来た**のです。もちろん、直前のトラブルなどで日程の変更もありました。しかし、「やると決まっているもの」として日程に組み込んでおくことで、実行の頻度が各段に上がりました。私はこのとき、**あらかじめスケジュールに組み込む大切さ**を学んだのです。

●ほぼ100%タスクを達成出来る「予定の組み方」

フィードバックは、極端に言えばたとえ5分、一言だけになってもやるべきです。しかし、「すぐに出来る」「わざわざ予定に組み込むほどでもない」と考えると、目の前の業務を優先し、忘れてしまいます。**それを防ぐために、どんな短い時間のタスクでも、必ず予定に入れましょう**。

さらに、**課題の設定とフィードバックは必ずセットで考えると効果的です**。こうすることで、スタッフにも「フィードバックがあるなら、頑張ろう」という気持ちが芽生えます。

スタッフが「自分のことをちゃんと見てもらえた」と感じることが、小さな成功体験を積み重ねることになります。大切な業務として組み込んでいきましょう。

CASE 16

目標が「ある方」が伸びるタイプ、「ない方」が 伸びるタイプ

POINT

先が組み立てにくいタイプには、方向性を決めて、それに向けたステップを一緒に考えます。

あなたの部下は、どちらのタイプですか？

スタッフには楽しく仕事に向き合ってもらいたいものです。そのために「なぜ自分は今の仕事をやっているのか」と振り返り、それを通じて見つけた目標は、大きな味方になってくれます。一方で「やるように言われたから」「そうするしかなかったから」など、後ろ向きな考え方のスタッフもいるでしょう。

このような人たちには、どのように接していけば良いでしょうか。

ある企業で、衣料品販売の担当者に向けたアンケートで「自分が衣料品の販売担当をしたいと思ったきっかけは何ですか？」と、質問をしてみました。

「衣料品の販売を通じて、自分もおしゃれになりたかったから」など前向きな回答が多かったのですが、中には「たまたま自分しかいなかったから」といったネガティブな回答も目につきました。

「これでは目標どころではない」と焦った私ですが、私自身も、自分が販売員になった理由は「就活でその企業しか受からなかったから」である、と思い出しました。

それでも、講師として独立出来たのは、**きっかけが何であれ、日々一所懸命に取り組んだ積み重ねが、自分の強みを作ってきたから**です。このことを、伝えることにしました。


私は、アンケートを配布した販売担当者に、その人達が仕事を行っていく上で大切にしてきたことや、楽しいと感じた出来事について、言葉にしてもらいました。すると、

「服をきれいに畳めたとき、満足感があった」

「お客様に試着してもらった服が似合っていて、嬉しくなった」

といった具合に、小さなことだけれど、彼らが日々重ねてきた経験を教えてもらえました。私はその話を聞き、一人ひとりに、「きれいに畳めるようになったなら、次はディスプレイに挑戦しても良いですね」など、**今やっていることよりも「少し難し**

い課題」にチャレンジしてみるようアドバイスをしました。

●つい忘れがちな事実、「何も頑張っていない人はいない」

人には、「目標を設定してそれに向かって頑張れるタイプ」と、「目の前のことに一所懸命になり過ぎて、先のことが組み立てにくいタイプ」がいます。

後者のタイプには、**方向性だけこちらで設定します。それに向けてどのようなステップを踏めば良いのかを、相手と一緒に考える**と良いでしょう。無理に目標を設定しようとすると、「自分にはそんなの無理だ」と、ますます後ろ向きにさせてしまいかねないからです。

仕方なく今の仕事についたのだとしても、何も頑張っていない人などいません。どんなにミスをし、覚えが悪かったとしても、その人なりに精一杯取り組んでいるのです。その人のタイプに合わせて、目標の設定の仕方を変えていきましょう。

CASE 17

「スモールステップ」は、継続的に考えてもらう

POINT 一つひとつのスモールステップが、大きな目標を達成するための行動だと伝え続けましょう。

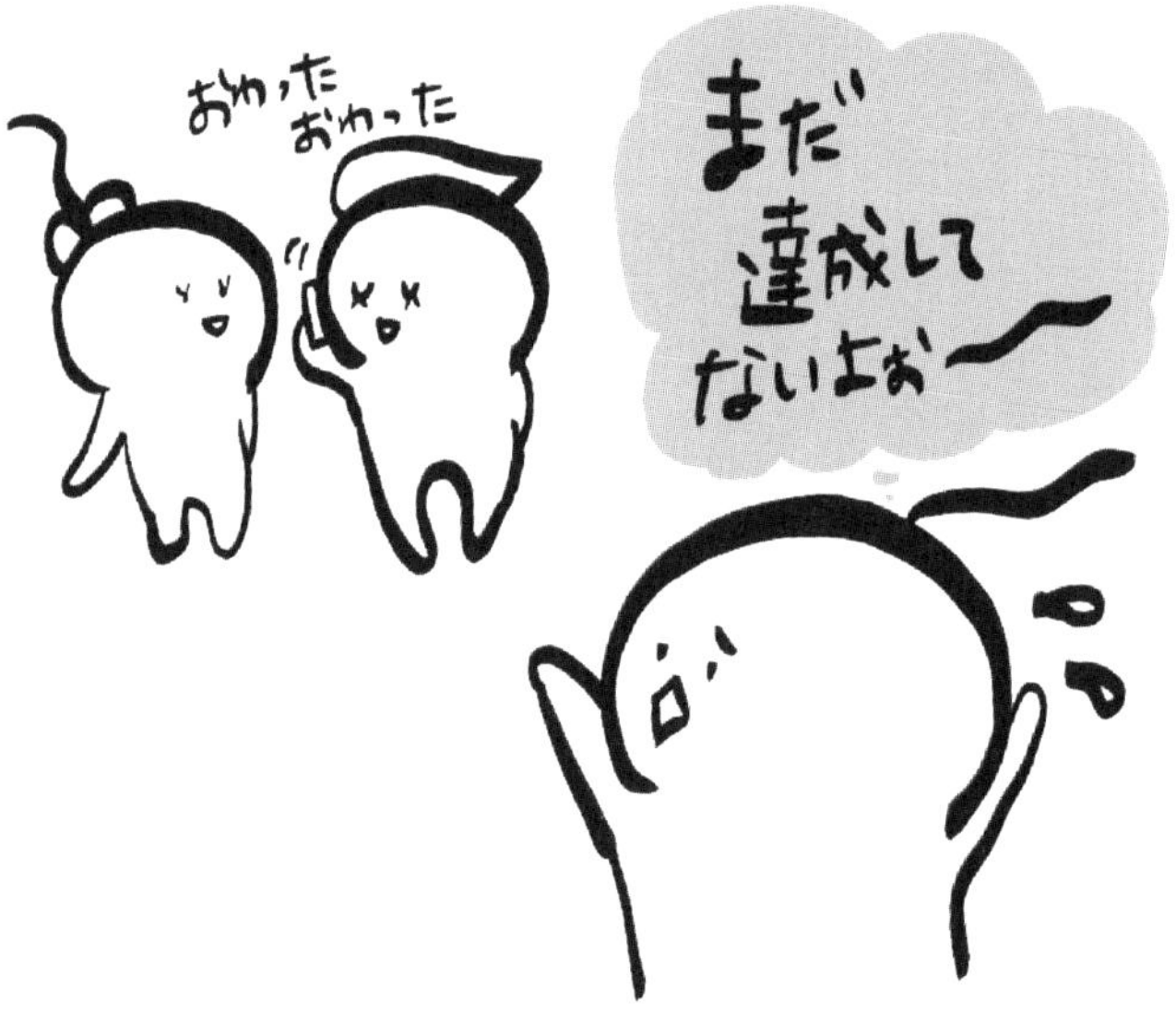

●「大目標の達成」に向け、チームで同じ方向を目指すために

大きな目標を設定したときは、具体的な行動目標を決めます。スタッフに「少しずつ自分が変わっている実感」をしてもらうためです。

しかし、大きな目標を理解せず、目の前の小さな目標ばかり追いかけていると、先に進みません。そんなとき、どうしたら良いでしょうか。

ある企業では、「スタッフ全員がお客様の視点に立って接客を行い、お客様が再び足を運びたくなるような店にしよう」を目標としていました。私もアドバイザーとして参加し、一緒に試行錯誤の日々でした。

目標を達成するにあたり、最初のステップは、歓迎感（お客様が「スタッフに心地よく迎えてもらっている」と感じる感覚）を上げることにしました。数ヶ月後、その成果はお客様からのアンケートにも反映され、店でも手応えを感じていました。

しかし、目標達成に向けて、停滞が起こり始めました。最初の課題を達成し、店はそれで満足してしまったのです。「スタッフ全員がお客様視点になる」ためには、まだやることはいくつもあるのに、これでは大きな目標を達成出来ません。

そこで、**「大きな目標」に対して、達成していくための「細かな目標」を具体化し、リストにしました**。

そして、まだ、これだけやることがある、という点と、それをどのタイミングで行うか、スケジュールを明確にし、店に伝達しました。

そして、**これが最も大切なことですが、「これは、去年の1月にお伝えした顧客視点の目標に対しての、具体的な行動リストの一つです」と、行動と目標の繋がりを繰り返し伝えました**。いきなり「今月はお客様のニーズ（要望）を聞き取る強化月間です」と言われても、何のためにいきなりそのような指示が来たのか、売り場はわからないからです。

こうして、大目標の達成に向けてみんなで同じ方向を目指すことが出来るようになりました。

●「目先の小目標」の追求で消耗しないために

大きな目標を決めてみんなで行動するときは、それに対して具体的な行動を整理し、途切れないように実践していきましょう。

大切なのは、一つひとつのスモールステップが、「大きな目標」を達成するための行動だということを忘れないよう、指示をすることです。大きな目標について、序盤に一所懸命説明をしてスタッフの理解を得ていたとしても、人は月日が経つにつれて忘れてしまうことを、頭に入れておきましょう。

スタッフも、大きな目標を達成するために、少しずつ何かが変わっていると実感出来れば、仕事に充実感を得られるのではないでしょうか。常に何のために行動しているのかを考えながら、スモールステップを踏んでもらいましょう。

CASE 18

「自分で決めた方が早い！」がなくなる最高の聞き方

POINT スタッフから情報や意見を引き出しアイデアに繋げるときは、それらの「活用方法」を明確に伝えます。

●スタッフの「考えや情報」を的確に引き出すコツ

今はトップダウンではなく、チームの意見を聞きながら、新しいアイデアを育てるチーム作りが主流になっています。しかし、「どうかな？」と聞いてみても、物足りない意見で、「結局、自分で決めた方が早い！」となる場合もあるでしょう。

スタッフには自由な意見を聞きたいと思いつつ、一般的で浅い意見は採用しにくいものです。**このようなときは、スタッフに「意見を求めた目的」と「考え方」を伝えると、グンと上手くいくようになります**。

私がエリアマネージャーだったときの話です。毎週の会議で、自分の担当店から吸い上げたお客様の情報を発表していました。

例えば、公園で子供を遊ばせる客層が多い、とスタッフから情報を得たら、夏場でも紫外線カットをするカーディガンを立案するなど、商品の企画やイベント内容に活かしていました。売上点数や購入客の年齢などはPOSデータでわかるので、会議では「お客様のリアルな声」を必要としていました。

しかし、あるときの会議前に集まってきた情報は、会議でお客様の分析に使うには、物足りない情報ばかりでした。

「お客様は40代くらいの主婦」「ゆったりしたデザインが人気」「安いものしか買わない」――。私は思わず「なぜゆったりしたデザインが人気なのか、その先が知りたいのに」と歯がゆく思ってしまいました。**しかし、これは店舗が悪いのではなく、私の「情報の引き出し方」に問題があった**のです。

一方で、先輩のエリアマネージャーは的確な情報を収集していました。先輩は、質問の理由、意図を相手にわかりやすく伝えていました。**その上で、聞き出した情報がその後、どんなふうに使われるのかを事例を交え、くわしく相手に話していたのです。**

【理由】 会議では、何が売れたかわかっても、どんな理由で売れたかはわからない
【意図】 だから、販売員とお客様のやり取りでわかったニーズを聞きたい
【使われ方】 例えば、お客様は雨の日に濡れることを気にするか。もし、足元なら、足元のシミが目立たない商品の企画が議論される

先輩は、これらを売り場に伝えた結果、売り場から「梅雨の季節は雨よりも汗じみを気にする人が多い」という情報を得ました。そしてこれを本社の会議にかけた結果、「雨対策」から「本格的な夏になる前からの汗じみ対策」を謳ったキャンペーンに切り替えられることになったのです。

●自分も「それを聞いてどう活用するか」を把握しておく

スタッフから情報を集めてもらう際は、質問の理由や意図、使われ方を明確にしましょう。

「お客様と会話して、わかったことを何でも良いから教えて」と伝えると、相手は何を伝えて良いかわからず、無難な一般論しか答えられないからです。こちらにイメージしている回答があるなら、事例として伝えた方が、相手も求められている情報を理解しやすいでしょう。

また、スタッフへわかりやすく質問の意図を伝えるためには、**自分自身も情報の活用方法を理解しておきましょう**。相手から的確な情報を引き出すためには、まず、質問する側が「会議の趣旨や本質」を理解していなければなりません。

先程ご紹介した、会議で活きる意見を集められていたエリアマネージャーは、**会議の本質を自分なりに噛み砕いた上で、自分の言葉で意図を説明していました**。例えば、このようなイメージです。

「本社にいる人たちは、商品が売れたかどうかしかわからないよね。わかっても、ＰＯＳデータからわかること、せいぜい『40代・女性』くらい。

でも現場で接客している私たちは、結果として売れなかったとしても、実はその商品をよく手に取って見てもらっていたことがわかる。

本社にいる人たちは、『じゃあ、お客様はなんで手に取ったのに買わなかったのか』って部分が知りたいみたい」。

だから、それを受けたスタッフも、自分たちが何をすれば良いのかを、きちんと理解出来たのです。

また、**1回指示を出すだけではなく、途中経過でどのような意見、情報を伝えるつもりかチェックすると良い**でしょう。この場合は中間でどのような情報にどのようなものが出たかを収集し、他にどのような点を見て欲しいかを指示していました。

このように、意図と、求めていることを明確にし、的確な情報を集めていきたいものです。

CASE 19

「よく考えて」ではなく「考える道筋」を体験してもらう

POINT こちらの「よく考えて」に対し、相手は言い訳ばかり考えてしまう。そんなときは「考え方」を知ってもらいます。

●「ピンチのときこそよく考えて」が、なぜダメだったのか

自分で考えて、動いてくれるチームは頼もしいものです。世の中に様々な考え方がある中で「これをやったら絶対大丈夫」はありません。その時々の状況に合わせて、臨機応変に動けるスタッフに育ってもらいたいものです。

ですから、スタッフにはその都度考えて動いてくれるよう「もっと考えて」と指示している方も多いかもしれません。しかし「もっと考えて」と伝えると、相手はネガティブになり、前進しないケースもあります。どのように「考えて」もらうようにすれば良いでしょうか。

私がエリアマネージャーだったときの失敗談です。本社から割り当てられた予算が高く、諦めムードが漂っている担当店に、「ピンチのときこそよく考えて」と伝えました。店長から明るく返事がありましたが、数日後のその店には、どんよりとした空

気が漂っていました。

不思議に思った私は、店長やスタッフたちは、予算達成に向けてどのように考えているのか、スタッフから聞き出してみました。すると、

「来店客数が減っているので（売れない）」

「最近、何となくふらっと立ち寄る人ばかりで、買う気がないので（売れない）」

なんと、売上が不調なことの言い訳ばかりが並んでいます。

売上を上げる方法を「考える」のではなく、売上予算を達成出来なくても仕方がない言い訳を「考える」と受け取ってしまったのです。これを聞いた私は、「『考える』っていっても、そういうことじゃないんだけどなあ」とほとほと困ってしまいました。

●スタッフの〝思考の堂々巡り〟を解消する方法

先ほどの店舗でミーティングを開くことにしました。予算達成に向けて行動するに

あたり、自分たちで動けることは何か、「考え方」を体感してもらうためです。

まずは、売上が思うように取れていない理由を、スタッフに思い思いに話してもらいました。ここでは、話を遮らず、とにかく思ったことを口にしてもらうようにしました。案の定「天気が悪い日が続いたので」など、自分たちでは解決が難しい理由が並びます。

私はそれらの意見が出たとき、否定することはせず、「それは大変だったね」と、まずは労いました。スタッフなりに、数字が悪く、自分たちではどうしようもなかった日々に傷ついているのを知っていたからです。

いくつか意見があった中で**「お客様が少ない中、増やすにはどうしたら良いだろう」と、自分たちで着手出来そうな問題を一つ抜き出し、問いかけてみました**。そこからまた、みんなで意見を出し合ってもらいました。

「少ないなら新規のお客様を増やす？」

「それとも、もう一度来てもらえるようにする？」

と、意見が詰まったときには選択肢を提案し、そしてまた話し合うというように、何度かこちらから投げ掛けを行いました。

最終的には「自分たちがお客様なら、どうしたらもう一回行きたいと思うか」を話し合い、「まずは自分たちが商品知識についてもっと勉強しよう」という行動まで結び付いたのです。

考えるということは、スタッフにとってはかなり難しいことで、こちらからまず「考える道筋」を提示し、体験してもらうことが大切だと痛感した出来事でした。

考えるチームを作るためには、「考えて」と指示するだけではなく、どのように考えていくかを体感してもらうのが一番です。今回はミーティングでしたが、一対一の会話で行っても良いでしょう。

意見を出し合う場を設けたら、相手の意見を遮ったり否定したりせず、頷きながら聞きましょう。

その上で、話が行き詰まったら選択肢を提案します。それから、どうしたら行動に繋がるのか問いかけ、答えまでを導きましょう。その過程を、大きな紙に書いておいて、自分たちがどうやってこの答えまで辿り着いたのかを見えるようにしておくと、後から振り返りやすくなります。

「状況が悪いのは仕方ない。その中で何とか自分たちで出来ることはないか」と、今ある課題の先のことを考えられるように「考え方」からサポートしていきたいものです。

CASE

20

発言が苦手なスタッフに「何でもいいから話して」は逆効果

POINT

最初の一言が出ないのは、意外なことで悩んでいるせいかも。相手が「今、話せること」に注目しましょう。

●若手が発言を恐れる「本当の理由」

会議やミーティングで、自分から発言をなかなかしないスタッフはいませんか？ そのようなスタッフを前にすると、普段から発言が多い人は不思議に思うものです。

様々に相手の心情を想像して、「（発言に対する）失敗を恐れてはいけないよ」「失敗をすると、こんなに良いことがある」など、熱弁を振るってアドバイスする人もいるでしょう。でも残念ながら、これで心を動かされる人はあまりいないのです。

ではこのようなとき、どうすれば自分から話そうという気持ちになってもらえるのか考えてみましょう。

専門学校で講師をしていたときのことです。発表に向けて、準備をしていたグループから進捗を聞いていました。いくつかあるグループを順番に回っている間、どこも自分たちがやってきたことを饒舌に話してくれました。

しかし、1グループだけ「全然出来ていないんで」の一言だけで押し黙ってしまいました。場が静まり、焦った私は、何とか彼らから発言を引き出そうとしました。

「失敗しても良いから、まずはやってみたらどうだろう」

「失敗が経験になるから、まずは途中までの過程で良いから、話してみよう」

こう言って、さらに自分が失敗した経験も熱く語ったのですが、ますますその場の空気は冷え込むばかりでした。

しかし、話をしながら、ふと「彼らはなぜ全然出来ていないのだろう」と気がつきました。そこで初めて、事情を聞いてみました。すると、

「色々案が出たけど、グループ内で揉めてしまった」

「どれが良いのか、自分たちでは判断出来なくなってしまった」

と、正直に答えてくれました。

つまり、**彼らは失敗を怖く感じているというよりも、それが発言するに足りる内容かどうかを判断出来ず悩んでいただけだった、**とわかったのです。

そこで私は、彼らがボツにした案を聞きながら、そのアイデアを聞きました。こう

して次第に、グループ内では、普段発言をしない生徒も話すようになり、状況をしっかり聞くことが出来るようになりました。

●相手の「今、話せること」にフォーカスする

「失敗を恐れず、何でもやってみよう！」と励まされても、言われた側は何から手をつけたら良いのか見当もつかず、戸惑ってしまいます。そもそも若い彼らは、失敗した経験がそこまでないので、失敗したときの自分の姿を想像出来ず、それが怖いのです。

それよりも、相手が「今、出来ること」「話せること」にフォーカスしてみましょう。先ほどの例ならば、**「少しでも良いから、今進めていることがあったら聞きたい」「上手く進められなかった経緯を教えて」**などでしょうか。

そうして相手から出てきた発言を全面的に肯定していくと、相手も自信がつき、話しやすくなります。相手が答えやすい話題を振りながら会話を増やしていき、相手の

発言を引き出していきましょう。

普段無口な人が発言してくれることで、周囲のメンバーの気持ちもほぐれます。「自分も話して大丈夫かもしれない」と感じ、チームメンバーからの発言がどんどん増えていくでしょう。

いつも発言してくれる人の意見も大事ですが、案外、それを普段から見ているだけの人というのは、冷静に状況を見て、何か面白いことを考えているケースが多いものです。そのような人から、上手に意見を聞き出せるようになりたいものです。

第3章

「やってみました！」と自分で考え、動いてくれるチームを作る

CASE 21

「こうした方が良いですよね？」には、あえて答えを言わない

POINT

自分の判断に自信が持てないスタッフには、考え方を深掘りしてもらった上で肯定し、背中を押しましょう。

●「何度も同じ質問をされる」から見えてきたこと

スタッフから**「こういうときは、こうしておいた方が良いですよね？」**と、**正解を求めるような質問をされたことは、ないでしょうか。**

大きな失敗を避けるために確認してもらえてありがたいですが、これでは相手は「状況に合わせて考える力」をいつまでたっても養うことが出来ません。

ある商業施設で研修を行った後、1人の受講者が**「お客様が商品を手に取っていない場合でも、話しかけて良いのですか？」**と質問してきました。

販売員には「お客様が商品を手に取ったときに話しかける」という暗黙のルールがあります。商品を手に取ってもらえないと接客や売上に繋がりません。ですから、「お客様が商品を手に取っていなくても話しかけて良いのか？」と質問があったわけです。

以前の私なら、そこで、細かく受講者に行動例を示していました。実際、そうすることで、受講者も明確な答えに満足してくれていました。

しかし、**私はそのやり方に疑問を感じ始めていました**。なぜなら、そうやって教えた後、数カ月後にまた同じ場所で研修を開くと、似たようなことを同じ方達から聞かれるのです。また違う疑問が生まれれば、同じように具体的な答えを求められると感じたことで、「その時々の状況に合わせて考える力」を相手から奪ってしまう、と気づいたのです。

●「あなたはどう考えているか教えてください」

それ以来、私は質問をされると、相手に考え方を知ってから答えたいと前置きした上で、**「お客様は、どのように考えていると思いますか?」と返すようになりました**。

こういうと、大抵の場合は、びっくりされます。そこでつい答えを伝えたくなってしまいますが、代わりに**「自分だったら、どのように感じますか?」**と、自分の話に置き換えてもらいました。こうして、回答しやすい質問を重ね、**相手の考えを聞いた後に、「その考え方は素晴らしいです、ぜひやってみてください」と、全力で後押ししました。**

どの受講者も、私から質問で返されたときは不安そうな顔をしていましたが、最後には自分で判断して行動を導き出しました。そして、**「どうすれば良いですか？」ではなく「こう考えたんですけど、どうでしょう？」と、みなさん、自分の考えを伝えられるようになった**のです。

スタッフに状況に合わせて自分で行動してもらいたいときは、あえて相手の考え方を聞いてみましょう。そうすることで、その都度自分で考えながら判断出来るようになります。

ただし、相手にとってあまりにも経験のないことは、いくら考えてもなかなかアイデアが出てこないものです。このような場合は、選択肢を２つ以上用意するなど、相手が答えやすくなる工夫をしましょう。

CASE 22

相手に考えてもらいたいときは「ネットで調べても出てこない」質問を

POINT 「考える力」を養うためには、「正解」ではなく「相手の考え方」を質問しましょう。

●若手の「考える力」の育て方

最近では「自分が本当にしたいことは何？」などのワークショップを行って、スタッフの考える力を養う企業も増えました。投げかけに答えてもらうことで、仕事の振り返りが出来ます。しかし、スタッフが考え方を深められず表面的になる場合や、時には答えをスマートフォンで検索して終わりになるケースもあります。**スタッフの考える力を養うためには「調べても出てこない質問」をしてみましょう**。

私はとある専門学校の授業で、生徒たちに「ブランドにおいてなぜ店舗は必要なのか」を話し合ってもらいました。これは「お客様が、商品について新しい知識を得る場だから」など、新しい視点で深く考えられるテーマです。しかし生徒たちから出てきた答えは「商品を売る場所」という、特にひねりもないシンプルな答えでした。

私はそれでも、そこから掘り下げられる要素があるかもしれないと思い質問を重ねたのですが、返ってきたのは「ネットで調べたら、そう書いていたんで」でした。
私は、どうしたら彼らに考えることを楽しいと思ってもらえるのだろうか、と悩んでしまいました。

先程の生徒たちに、今度は考え方を問う質問をしてみました。

「お客様に、ノベルティとして服のブラシを差し上げることにしました。ＡさんとＢさん、どちらのお客様が喜んでくれると思いますか？」

Ａさんは、どちらかといえば丁寧な生活をしているお客様。コーヒーを飲むときは、豆を自分で挽くようなタイプです。一方、Ｂさんは家のことには無頓着で、多少散らかっていても気にしないタイプ。それだけ聞くと、Ａさんに答えが集中しそうですが、意外なことに「Ｂさん」と答えた生徒もいました。

「Ａさんのようなお客様なら、洋服ブラシはもう持っていると思うから」

「私自身、自分の部屋は散らかっているけど、外に出ていくときくらいは身だしなみをちゃんとしたいと思っているから、Ｂさんもそうかなと思いました」

売り場の役割については検索で済ませた生徒たちも、考え方について聞かれた途端、自分なりに答えを導き出そうとしてくれました。私は、**自分の質問の仕方次第で、相手に考え方を深めてもらえるのだな、**と実感しました。

●こちらの「質問の仕方」で、相手が変わることもある

ネットで調べられる質問をすると「そう決まっているから」で完結しがちです。先程の事例で、もし「お客様のノベルティは、何が良いと思う？」と聞けば、すぐに調べて「A社はハンカチを差し上げているようです」と、検索したままの答えを用意してしまうでしょう。

しかし**「ノベルティはAとB、どちらが良いと思う？　その理由を考えてみて」**など、理由を答えてもらうようにすると、スタッフが自分で考えてくれるようになります。スタッフが自分の頭で考えられるようになるには、スタッフに理由を考えられるような質問をしていくと良いでしょう。

CASE 23

「なんで？」から、自分で答えを見つけてもらうコツ

POINT ふとした疑問が課題になり、自分なりの答えへ。「なぜなぜゲーム」で、考える癖と思考を深めます。

●若手の思考を深める「なぜなぜゲーム」

「なんで？」と疑問を持つことがきっかけとなり、スタッフの興味は引き出されます。ここでは、「なんで？」と疑問を持った後、どのように考えていくと自分なりの答えが出るのか、その「考えているときの頭の中」についてお話しします。

販売員の仕事といえば接客です。接客をするためにお客様に声掛けをしますが、多くのお客様は、声掛けをしてきた販売員に対して薄い反応を示します。このような時、**「なぜ、お客様は声をかけたときに薄い反応をするのだろう」と疑問を持つと、自分なりの答えを導き出すことが出来ます。**

←

なぜ、お客様は声をかけたときに薄い反応をするのだろう？

お客様は販売員を警戒しているから

←**（なぜ警戒しているのだろう？）**

買わされる、と思うから

←**（なぜ買わされると思うのだろう？）**

多くの販売員から買わされたという経験があるから

←**（声掛けで、「また買わされるかも」と思うのはなぜだろう？）**

販売員っぽい声掛けをしているから

←**（販売員っぽい声掛けって何だろう？）**

例えば「よろしければ、ご試着出来ますので」など

こんなふうに、自分が出した疑問に対し、答えを出します。それに対し、今度は「なぜ？」と、自分自身に問いかけます。その繰り返しで、自分なりの答えを導き出す癖が身につきます。私は、これを「なぜなぜゲーム」と名付け、研修でワークとして取り入れています。

●思考を深めることで「アイデア」を引き出す

このように、自分で「なぜなぜゲーム」を行っていくと、自分で考えて答えを出せるようになります。店長会やチームミーティングで「なぜなぜゲーム」はおすすめです。円形になり、最初の人が「なぜ、笑顔は大切なのか」とお題を出したら、隣にいる人が順番に「感じが良いから」↓「なぜ、感じが良いことが大切なの？」というように続けていきましょう。

ある研修でこのゲームを行った所、受講者から**「考えることって楽しいんですね」**と感想が出たことが印象的でした。それ以来、朝礼などで3分ほど時間を設け、このワークに取り組んでいます。

考えるのが「面倒くさい」ではなく、「考えると楽しい」と感じてもらえるように進めていくと、会社の「変だと思っているけど、何となくやっていること」などの業務の無駄が見直しでき、アイデアが成果に繋がる会社になるのではないでしょうか。

CASE 24

考える習慣は、「アイデアの共有」で定着する

POINT 研修で考え学んだことをそのままにしていませんか？　発表の場を作り、「やらなきゃ！」の状況へ。

●研修では盛り上がる「考えるワーク」

考えて動く癖は、誰しもが身についているわけではありません。また、慌ただしい日々の中で、考えながら仕事をこなすのは慣れていかなければ難しいものです。考える習慣を作るために、「考えを持ち寄りアイデアに繋げる場」を用意しましょう。

ショップのスタッフに向けて「自分たちのクレド（目指すゴール）を作るワーク」を行っていたときのことです。何回か行われるこのワークによって、スタッフが自分で考えを深められるようにします。

ワークの中では「考えるって楽しいですね」と嬉しい意見が飛び出すほど盛り上がりました。「倉庫整理など、手を動かしながらやってみてください」と、仕事の中で考えるコツも伝え「これで、考える癖をつけてくれるかな」と期待をしたものです。

しかし、そうは行きませんでした。

次の研修時に、各々が売り場で考えたことを共有するはずが、「ちょっと忙しかったので」と、弁解ばかりです。研修だけでは考える習慣は定着しないと痛感しました。

どうしようか考えた私は、二つの行動を起こしました。一つは、研修の最後に「次回の研修で、売り場で考えたことを発表する場を作ります」と伝えました。

もう一つは、エリアマネージャーの皆さんに「あれからどう考えた？」と投げかけを行ってもらうよう、指示しました。つまり、考えた先のことをイメージしてもらうようにしたのです。

それから2回目の研修日になり、前回伝えた通り、それぞれが考えたことを持ち寄って発表し合いました。すると、周りから「それは自分では思いつかなかった」「私も同じで、共感出来た」と感想をもらえ、「考えること」に積極的になるスタッフが増えました。また研修までの間、エリアマネージャーからの「あれからどう考えた？」の投げかけによって、スタッフはその都度「考えなきゃ」と思い出し、やがて

「聞かれるから考えておこう」と、考えることに意識的になりました。すると、以前伝えた「スキマ時間で考えるなどのコツ」もやっと掴んでくれるようになり、嬉しく感じたものです。

●「考えるって楽しい！」と若手に実感してもらうために

「考える」ことは、慣れていない人にとっては、ただ面倒くさいだけです。それを自ら行う癖を付けてもらうためには、「考えることは楽しい。そして意味があり、役に立つのだ」と実感してもらうのが一番です。考えたことを聞く機会として、定期的なミーティングを5分でもいいので用意し、軽い会話の中でも投げ掛けましょう。

本社での集合研修などで「お膳立てはしてあげたから、後は自分で」と全部任せるのではなく、**自分もスタッフと併走していくつもりで、考えを共有する場面をつくっていきましょう**。

CASE 25

会社からの「大きな目標」に対し、スタッフには「小さな目標」を設定する

POINT 若手は、「自分が成長している」ことを実感したい。そのための「小さな目標作り」を支えましょう。

スタッフの「やる気」に火をつけた上司の言葉とは

会社から設定される目標や予算が高過ぎて、スタッフがやる気をなくしていないでしょうか。「どうせ、こんな数値クリア出来るわけがない」と思うと、自分が日々行っている業務に張り合いを失くしてしまいます。

そのようなとき、どのようにスタッフをアシストしたら、やる気を出してもらえるでしょうか。

私が所属していたアパレル企業では、個人ごとに予算目標が割り振られていました。それには、昨年度、特別なイベントなどで偶然良かった売上も反映されます。そのため、「こんな数字、とてもじゃないけど達成なんて難しい！」という〝高過ぎる目標〟が設定されてしまいました。

新入社員だった私は、接客もままならないまま非現実的な予算をあてがわれてしまい、早速やる気をなくしていました。

そんなとき、店長は、

「予算をいきなり達成しようとするのは難しいかもしれない。でも、それに向かって、少しずつ自分の接客が良くなっていることを実感出来るように、小さな目標を立てていこう」

と、言葉をかけてくれたのです。

●若手は「成長している実感」を欲しがっている

接客は、声のかけ方一つ取っても、表情の作り方、言葉の選び方など、習得すべきスキルがたくさんあります。私たちはそれをリスト化し、一つ出来たら店長にハンコを押してもらえるようにしました。

新入社員だった時期は、なかなか目標に届きませんでしたが、「自分は少しずつ成長しているのだ」と感じられると、仕事が楽しくなってきて、コツコツとスキルを積み上げることが出来るようになりました。

目標が高すぎる、あるいは全くない場合、自分の成長具合を感じるのが難しくなってきます。そこで「自分は少しずつ良くなっている」と実感出来る教育の仕組み作りをすることが、スタッフのやる気を盛り上げます。

●若手に「自ら仕事を楽しんでもらえる」仕組み作りを

近年、漫画は泥臭い練習や修行の描写が短縮される傾向にあります。それは物語が進まないとつまらない、と考えている読者が多いからです。

仕事も同じで、自分が少しでも前進していると実感出来ないと、面白く感じられないのではないでしょうか。

一見、売れたか売れなかったかの数字でしか評価出来ないような接客でも、先ほどの例のように分解して考えてみると、超えるためのステップはいくつも設定出来ます。どのくらいのレベルで目標を分けていくかは人それぞれですが、**例えば、プレゼンの資料を作るときも「今日はグラフを作ってみる」「そのグラフを、明日は5分短縮して作れるようになる」など、小さなことでも自分自身を評価出来る仕組みを作っていけると良い**でしょう。

この仕組みを作ると、自分で自分を肯定出来る機会も増えるので、自己肯定感がアップします。

●スタッフが「自分のことを褒められる」ように

これは私の持論ですが、**人から上げられたモチベーションは、すぐに下がってしまいます**。そして、人から褒められないと自分のスキルを判断出来ない状態になってしまうのです。

もちろん、こまめに相手を評価することは大切ですが、**そのスタッフ自身が自分のことを褒められるようにすることも大切**なのではないでしょうか。

「仕事が向いていない」「仕事がつまらない」と感じると、退職の二文字が頭にチラつき始めます。しかし、**仕事を楽しめる人は、小さなことでも「自分は出来た」とポジティブに評価できるもの**なのです。

スタッフは自分に厳しく、「こんなこと、誰にでも出来る」と過小評価しがちです。そんなときは「すごいね！」と褒め、自分を評価出来る基準を下げて、自己肯定感を上げやすくしてみましょう。

CASE 26

お客様が見て「良いね！」と思える目標が成果に繫がる

POINT

お客様を無視した目標は行動に表れ、結果に繫がりにくい。意識して「お客様はどう思う？」と考えます。

●「独りよがりな目標」が、なぜ自分たちの首を絞めるのか

自分で考えて動けるチームになれば、その場も活気づき、前向きなムードになります。しかし、それぞれが考えた結果、動く方向がバラバラになってしまえば、成果は出ません。そのようにならないために、目標を立てましょう。

目標は様々ですが、店やチームとして意識していきたいのは**「お客様から見て、その目標が良いと思えるかどうか」**です。

私がはじめて店長になったとき、目標を立てることにしました。スタッフにどんな目標が良いか聞いてみた所、口々に「予算達成」「客単価アップ」など、数字の目標がずらりと並びました。スタッフもやる気満々で、前向きです。「それなら良いか」とみんなで決めた目標に取り組むことになりました。

しかし、店をオープンさせてから数ヶ月間、いくつかお客様からクレームが来てし

まいました。それは「押し売りしようとしている」「買わないとわかった途端、すぐに別のお客様の接客を始めてしまった」など、お客様の気持ちを無視したものばかりでした。

日々、朝礼で確認していた目標自体が「売上アップさえ出来ればいい」という印象に繋がり、お客様にとって居心地の良い店からかけ離れたものになっていたのでした。

その後、店の目標を見直しました。「お客様から見て、その目標を『良いね』と言えるかどうか」を基準にしてアイデアを出し合ったのです。

「これまで接客されるのが苦手だったお客様が、好きになる店」

「買ったものを家で開けたとき、幸せな気持ちになる店」

など、お客様がそれを聞いて、「そんな店で買い物をしたい」と考えてもらえるような目標が出来上がり、毎朝、それを確認しました。結果、売り場では、ただ売上を上げれば良い、という空気から脱することが出来ました。

●組織が目標にすべきは「最終的な売上」より「そこに至るまでの過程」

店や会社を存続させていく上で売上は欠かせませんし、きれい事は通用しないときもあるでしょう。しかし、お客様を無視した目標を掲げると、それが行動にも反映され、結果に繋がりにくくなってしまいます。

目標を決めるときには、お客様がその目標を見たときに「そんな目標がある店、素敵だな」と共感してくれるか、振り返りましょう。**最終的な売上を掲げるのではなく、過程を目標にするイメージ**です。

目標とする言葉は、その店やチームの文化や雰囲気作りに繋がっていきます。お客様が良いな、と感じる目標作りは、お客様の視点で考えられる指針となり、お客様に合わせた行動を促すことが出来るのです。

CASE 27

「ここがダメ」ではなく「こうするともっと上手くいく」と伝える

POINT 「せっかく良いのに、ここがもったいない」と、鼓舞すると、若手は「もっと頑張ろう」とやる気に。

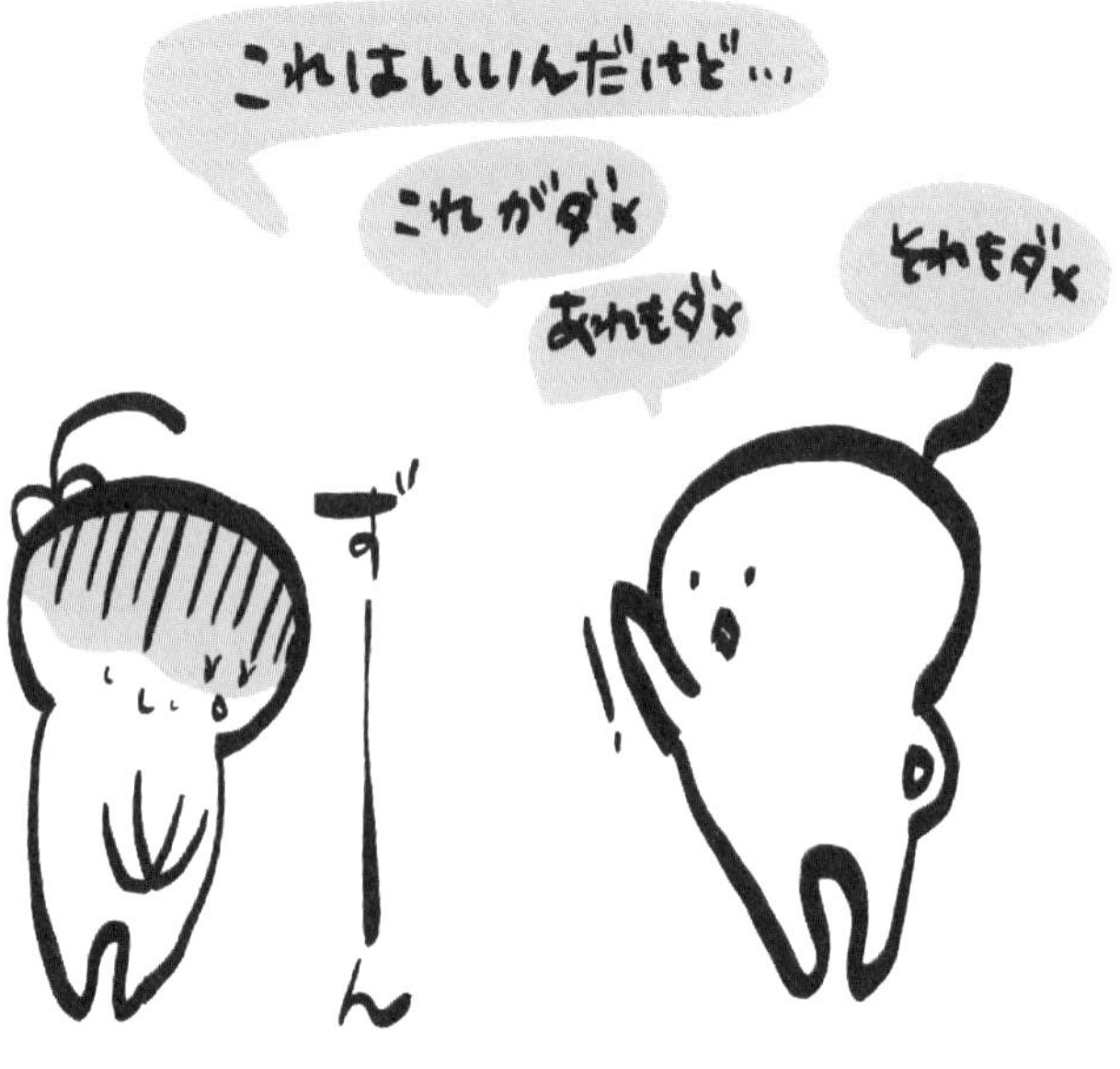

若手を傷つけずに「言いたいこと」を伝えるには

こちらが些細と感じた指摘でも、相手は深刻に受け止め過ぎたり、気分を損ねたりする場合があります。少しでも前向きに捉えてもらえるよう「ここがダメ」ではなく「こうすればもっと良くなる」と、伝えてみましょう。

専門学校の生徒が発表をしていたときのことです。明らかに、どこかのホームページからそのまま引用してきたような文字がスライドに映し出されていました。

一方で、スライドのデザインはとても凝っていて素晴らしいものでした。そこで私は**「スライドのデザインは素晴らしいですね。でも、もっと自分の言葉で考えなければダメです」**と、注意をしました。学生は下を向いてしまいました。

伝え方のセオリー通り、良い所とダメな所を交えてアドバイスしたのに、生徒を落ち込ませてしまい、私は困惑しました。

先ほどのグループに、再度アドバイスをするときがやってきました。やはりホームページからの引用が目立ったので、このように声をかけました。

「**スライドのデザインも素晴らしいし、企画している内容も素晴らしい。**それなのに、自分の言葉で語っていないのがとてももったいない。**例えば、この部分をこうやって置き換えるとすごく良くなりますよ**」

すると、学生たちは前回と違い、ハッとした顔を見せました。アドバイスに対し、前向きに受け止めてくれたのです。発表の後、苦手だった文章作成に取り組むようになってくれて、私はほっとしましたし、発表の精度が格段に上がりました。

●どうせなら否定より“鼓舞する”伝え方を

このように、ダメなことをダメ、と指摘するよりも**「もっと良くなる要素があるのに、もったいない」**という言い方に変えてみましょう。

この言葉は、相手の可能性を信じているからこそ出てくる言葉ですし、その熱意が伝わるようにすれば、相手も意見を取り入れてみよう、と考えてくれます。

「ダメ出しをしよう」とすると、相手は攻撃されたような気持ちになり身構えてしまいます。しかし、「この人は、自分たちと一緒に並走してくれている」と感じれば、受け入れてくれるでしょう。

そのためには、駄目な所を指摘するだけではなく、こちらからも代替案をいくつかイメージしておきましょう。改善すべき点への指摘だけで話が終わると、相手は「何だか丸投げされている」と感じるからです。

ただし、一つの案だけだと相手は全くその通りにしてしまい、自分で考えなくなってしまいがちです。2～3パターンほど出すのをおすすめします。

CASE 28

「自由にやって」ではなく、「これだけはしてはいけない」を伝える

POINT

自分で判断してもらうコツは「ダメな理由」を考えてもらい、失敗の怖さを軽減することです。

● 若手にのびのび考えてもらうコツ

スタッフに自ら判断し、動いてもらいたいからと「自由に考えていいよ」と声をかけていませんか？　このようなときスタッフは、マニュアル的な動きに終始してしまうものです。

「自由に考えて」と伝えるのではなく、**「これだけはやってはいけない」と、最低限のルールだけを伝える**と、スタッフは自ら動きやすくなります。

専門学校でワークを行ったときのことです。生徒に「40代女性のターゲットに向けて、商品を構成してみましょう」とお題を出しました。

「自由な発想でやってみてください」と伝えると、学生たちはグループ内の仲間同士で顔を見合わせた後、一斉にスマートフォンを出し、キーワードを検索し始めました。しかし、みんなの検索ワードが「40代・服」「40代・おしゃれ」など、同じものだったせいか、どのグループから発表された内容も似たりよったりになってしまいました。

生徒たちに「自分なりに考えて、ユニークな新しいアイデアを出して欲しい」と期待していた私は、この結果に途方に暮れてしまいました。

● いかに「心理的ハードルを下げるか」がカギ

先程の授業の前に、私はウェブで、ある大手のカフェの成功事例を読みました。その記事によると、「そのカフェのスタッフが、お客様の要望に対し臨機応変に自由に動けるのは、マニュアルを徹底するのではなく、**『最低限してはいけないこと』を伝えられているから**だ」といいます。

そこで、私も「生徒に『自由に考えて』と伝えるのではなく、『してはいけないこと』だけあらかじめ伝えてみるのはどうか」と考えました。

さて、授業になりました。その日もターゲットに向けた商品構成を考えるワークを行ったのですが、生徒たちにいきなり考えてもらうのではなく、まずはＮＧ例を見せたのです。そして、その理由をディスカッションしてもらいました。

すると、前回のワークよりも、グループでの話し合いが活発になりました。ＮＧの理由を理解し、そこを避ければ失敗が回避できると考えた生徒たちは、その後の自由なワークで、前回よりものびのびとした意見を口にすることが増えました。

この結果に、私もほっと胸をなで下ろしたのです。

「自由にやっていいよ」と伝えると、相手は「奇抜なことをして周囲から浮いてしまうのではないか」と考え、かえって身構えてしまいます。その結果、マニュアル的な動きになってしまうのです。「何でも自由に」と伝えるよりも、必要最低限（お客様に危害が加わるものなど）のＮＧと、その理由を先に話したほうが、相手の発想を広げることができます。

相手にのびのび考えてもらうコツは、制約をほんの少しだけ作ること、なのです。

CASE 29

チームの「考える力」がアップする、問題点の捉え方

POINT 本質的な問題に気づくと状況が改善。そのために、キーワードを探る話し合いをしましょう。

●「問題の本質に気づく」とはどういうことか

仕事の内容を常に見直していくと、新しいアイデアが生まれ、仕事の効率を上げられます。内容を見直すためには、まず何が問題であるかを認識する必要があるでしょう。そのとき、**具体的な目の前の問題と、問題の本質について気がつくと、格段に見直しが上手くいきます**。本質とは、どのようなことでしょうか。

講師として、あるアパレルブランドの店で研修を行いました。その店にはそれまで取り立てて目標がなく、スタッフはただ目の前の売上を追うばかりの日々でした。顧客が集まる店にするには、売上を闇雲に追うのではなく「お客様から見て行きたいと感じる店作り」が必要です。そこで、スタッフに、どのような店になればお客様が来店したいと思うかを考えてもらいました。

すると、受講者からは「販売員が話しかけてこない店」「クーポンが使いやすい店」という発言が出ました。

これらは確かに、お客様にとっては嬉しいことかもしれません。しかし、では「販売員が話しかけてこず、クーポンが使える店ならどの店も繁盛するか」といえば、そうではないことがすぐわかります。

このように目標や指針を決めようとすると、どうしても具体的な行動しか出てこない場合があります。そんなときは**「なぜ、そのような具体例を思いついたのか」を掘り下げると、本質がわかり、目標を設定しやすくなります**。

●まず「具体的なこと」を挙げ、そこから掘り下げる

私は「販売員が話しかけてこない店」には、なぜお客様が来店したいと思うのかを、グループで考えてもらいました。すると、

「ゆっくり店内を見られる」「居心地が良い」

と、理由が出てきました。

さらに「居心地が良いのは、お客様にとってなぜ良いのか」と掘り下げます。

「人の目を気にせず商品を見ることが出来る」

「安心し、落ち着いた気持ちで店内にいることが出来る」

と、今度は出てきました。クーポンが使えることも、値段を気にしすぎず買い物が出来る、という点では安心に結びつく、と結論が出ました。

出てきたキーワードは「居心地が良い」「安心して商品が見られる」です。これらを組み合わせると、**店の指針は「お客様にとって居心地が良く、安心して商品が見られる店」となります**。

この指針をもとに、改めてどんな行動を取れるか考えてみると、「販売員からの視線を感じない」「BGMが穏やか」など、先程はなかった気づきがいくつも出てきました。

また、裏を返せば、今まではお客様が何となくそわそわしてしまうような店、何となく落ち着かない、居心地の悪い店になってしまっていた、という発見にも繋がったのです。

スタッフが売上を重視するあまり、ついお客様をじっと見つめたり、接客中の会話がぎこちなくなってしまったり、結果としてお客様の居心地を悪くしていました。深掘りすることで、自分たちの行動が裏目に出ていたことも見直せた一件でした。

問題点を探そうとすると、つい具体的な行動ばかりを挙げてしまうものです。特に、手を動かす、現場にいるスタッフたちはその傾向があります。

まずは具体的なことを挙げてもらい、そこから掘り下げます。そして、出てきたキーワードを繋げながら、今の店やチームにおける問題点を考えてみましょう。

そうすることで、問題の本質が浮かび上がりますし、より結果に繋がる行動を導き出しやすくなるでしょう。

第4章

「どう思う？」を投げ掛け、アイデアがあふれるチームにする

CASE 30

「自分の気持ちを大事にすること」が「気づく」ということ

POINT 「気づかない」人には、「気づいて欲しいタイミング」を具体的に指示し、癖付けをしていきます。

●「気づいたことをメモしてください」

意見を出し合う場では、メンバーの日々の気づきが必要です。しかし、気づきには本人の意識が必要です。それでは、スタッフに、何気ない生活の中で気づきを得てもらうには、どうしたら良いでしょうか。

販売員に商品提案の研修をしました。商品を提案する際は、実際に自分が使っていて気づいた体験を事例にして説明します。

例えば、受講者には**「新幹線で長時間座った後、スカートがシワだらけになって困ったことがある。でもこれなら、出張など仕事で新幹線を使うときもお尻周りを気にせずに済み、安心だった」**と、例を提示し、具体的な状況をイメージ出来るように、気づきを共有してもらうことにしました。

しかし「ゆったりしたパンツなので楽だった」など一般論に終始してしまい、商品の良さがなかなか伝わりません。

受講していた販売員も「何か違う」とわかったものの、「着ているときに細かいことまで考えていませんでした」と困惑気味です。記憶というのは、とっさにピンポイントに遡ろうとしてもすぐに思い出せるものではない、と痛感しました。

その日、私は「商品を1日中着てみて、気づいたことをメモしてください」と宿題を出しました。そして、**メモをするシーンを、着用するとき、電車の中、食事中、など細かく指定し、メモのきっかけが掴みやすいようにしました**。

次の研修時、集まった時には宿題をもとに冒頭と全く同じ「商品を使っていて気付いたことを発表してください」と伝えました。すると、

「動きやすい」に対しては「つり革に掴まるとき、腕がつっぱらなかったから」

「着心地が良い」に関しては「たくさん食べても、お腹が苦しくならなかったから」

といった具合に、細かいシーンを思い浮かべてもらえるようになりました。

受講者の、**「私達は、もっと自分の気持ちを大事にして、そのとき感じたことを覚**

えておくべきなのですね」という感想が印象的でした。

● 不慣れな人には「具体的なタイミング」を伝える

「気づく」ということは、そのときの自分の感情を振り返ることで生まれます。**最初のうちは「いつ考えるのか」の具体的なタイミングを指定しましょう**。そうすることでスタッフに「今、振り返るときだ」と思い出してもらいやすくなります。

はじめから今の感情を全て言葉にしようとするのは難しいでしょう。まずは「何だか気持ちが沈んでいるな」「すごく気持ちが良い」と簡単に表し、なぜ自分がそう感じたのかを掘り下げるようにします。

このトレーニングによって、気づいてもらうきっかけ作りが出来ます。また、自分の感情に客観的に向き合うと、イライラにも振り回されずに済みます。様々な効果を生む「自分の気持ちを大事にする、振り返りの時間」を、取り入れてみてください。

CASE 31

スタッフに状況を聞くときは、「具体的にはどうか」掘り下げて聞く

POINT

うっかり話通り受け取って、問題点が見えてこない。そんなときは「行動」を深掘りします。

●「具体的にはどうしている？」の一言がなぜ大事か

スタッフを集め、問題点について改善を促す機会は、誰しも設けたことがあるでしょう。しかしスタッフからの回答に飲まれ、解決の糸口が見つからないまま終わってしまうことはないでしょうか。話を聞いて終わり、ではなく、何らかのアクションを起こすために必要なのは**「具体的にはどう？」の質問**です。

あるとき、私は、とあるブランドの店長を集めて、店舗でどのような振り返りが出来ているのかを確認しました。売上の数字がなかなか改善していないことを聞いていたので、何かしらの解決案を伝えられないか、と考えていたからです。

店長から状況を確認すると「みんなで情報を共有して取り組んでいます」など、それなりに頑張っているとわかりました。私は、それなら良いか、とミーティングを終わらせてしまいました。しかし、店舗での成果はなかなか上がりません。研修の内容は活かせているのに、なぜだろうと首をひねってしまいました。

●問題を洗い出すためには「表面的な答え」では不十分

このように「しっかり取り組んでいます」と発表されてしまうと、「それならまあ良いか」と感じ、取り組みを褒めて終わってしまうことがあります。確かに、取り組んでいる内容を肯定し、相手のモチベーションを上げることは大切です。しかし、問題点を見つけ出し、解決策を話し合うことは、もっと重要ではないでしょうか。

問題を洗い出していくためには、答えてもらった内容を深掘りしていき、行動に注目してみましょう。

先述の店長たちを集めて、再度ミーティングをすることになりました。そのときもまた、店長たちからは「コミュニケーションを大切にしています」など、一見とてもよく取り組めていると感じる内容が聞けました。

そこで私は、こう質問してみました。

「コミュニケーションを大切にしている、とのことですが、どのようなコミュニケーションを取っているのですか？」

すると店長は「たまにＬＩＮＥとかで連絡し合ったりとか……」と答えてくれました。実は、**コミュニケーションの蓋を開けてみると、頻度が少なかったり、内容が十分ではなかったりしたことがわかった**のです。そこで、ＬＩＮＥ以外でどのようにコミュニケーションを取ったら良いのか、タイミングや方法についてじっくり話し合うことが出来ました。

誰しも、状況を報告しようとするとき、上手くいっていないことを報告しにくいものです。聞く側も、話通り受け取ってしまい、聞いたことを素通りしてしまうことがあるでしょう。

相手に状況を聞いたら、具体的にどのような行動をしているのか聞いてみましょう。すると、ヒントが出しやすくなり、ミーティング後の行動もますます充実したものになるのではないでしょうか。

CASE
32

相手に質問するときは、「責めていないよ」も合わせて伝える

POINT 状況を深掘りするときは、「あなたの力になりたい」気持ちを伝え、まずは相手を肯定しましょう。

●悪気なく「相手を畏縮させる聞き方」になっていませんか

根本的な原因を洗い出すには、１３８ページのような「なぜなぜゲーム」が有効です。その際「なんで？」「どうして？」と聞くと、相手は責められたり、自分を否定されたりしているような気持ちになり、発言しにくくなってしまうでしょう。

スタッフからの正直な気持ちや、正しい現状を引き出して改善するために、先に「なぜこの質問をするのか」理由を話してしまいましょう。

とあるメーカーでの店長会で、売上改善に向けて話し合うことになりました。

私としてはなぜ売上が悪いのかという事実だけ確認したかったのですが、「売上が振るわないのは、なぜでしょうか」「どんなことに原因がありそうですか」と質問すると、どの店長も気まずそうな顔になってしまいました。

私は腹を割って話してもらい、改善に向けてのやり取りをしたかったのですが、店長たちは私に対して壁を作ってしまいました。結局、その日は表面的なやり取りばかりで、本質的な問題も出てこないまま会議は終わりました。

●「あなたの力になりたい」というメッセージを添えて

ものごとがうまくいっていないときは、どんな聞き方をしても、相手は「責められている」と感じ、つい身構えてしまうものです。

相手の緊張を解くため「自分はあなたを責めるつもりはありません」と、しっかり前置きした上で会話をしてみましょう。

私が店長だったときのエリアマネージャーは、人から悩みを引き出すのが上手な人でした。彼女は売上が悪い原因を引き出すために、私にあれこれ質問を投げかけてきましたが、その際は必ずこんな言葉を伝えてくれました。

「今日は、一緒に問題を解決したいと思っているんだよね」

「私が質問をするのは、平山さんが悪いと言いたいわけじゃなくて、純粋に自分の疑問として聞きたいことだから、遠慮なく話して欲しい」

このエリアマネージャーは、たとえ聞いた側が眉間に皺を寄せてしまうような話に対しても、決して責めませんでした。目的は相手から本音を引き出すことなので、そうしやすいよう、丁寧に言葉を添えてくれていたのです。

● 相手が答えられるかどうかは、こちらの「聞き方」次第

質問は、話し方を間違えると途端に「詰問」になりがちです。そうではなく、お互いの前進のために話して欲しいと伝えた上で、経緯ややり方を聞いてみましょう。

また、聞き方のテクニックとして、「きっかけ」ではなく「経緯」を聞くようにしましょう。**「なぜ？」ではなく「どのように考えたかを教えてください」と伝えると、相手は話しやすくなります。**質問を目的にするのではなく、相手がうまくいっていない理由を聞き出し一緒に解決出来るよう、聞き方も工夫してみましょう。

CASE 33

質問を重ねるときは「共感」をサンドする

POINT

「質問をしなければ」と思うと、つい責めるような口調に。共感を挟むと、相手は安心して答えられます。

●「重ねて質問される」のは本来、ストレスなのです

138ページのように、スタッフの考えを深めるために質問を繰り返す場合があるでしょう。しかし（これは私の持論ですが）、**大抵の人は「なんで？」を3回繰り返されると、段々とイライラし、考えがまとまらなくなってきます**。

実は、「重ねて何度も質問される」と、問い詰められていると感じる人は多いのです。相手にプレッシャーを与えずに考えを深める方法とは、何でしょうか。

スポーツショップの店長たちと、顧客作りのための施策を考えていたときのことです。そのとき「来店したお客様に10%オフクーポンを配り、来店促進をはかる」と答えた店長がいました。私は一般論に終始していると感じ、**「お客様は、そのクーポンをもらって嬉しいのでしょうか」**と食い下がるように質問をしました。それでもまだ考えは深まらず、

「クーポンをもらったら、再来店したいと思うものなのでしょうか」
「他のショップでも10％オフをよくやっていますが、10％オフで良いのでしょうか」
と、必死に質問を重ねました。

最初はやる気を見せていた店長ですが、私が責めるような態度を取ったので、だんだん反応が鈍くなり、しまいには「そういうもんなんじゃないですか」と明らかにムキになって口をつぐんでしまいました。

ヒアリングは相手の考えを深めていく効果があります。しかし、**このように質問が重なると、相手はそれをまるで詰問のように感じてしまう**のです。

数年後、別の企業でも、顧客作りについて店長と施策を考える機会がありました。
「接客力を上げたい」という店長に対し、**「確かに、接客が上手だと、お客様もまたその接客を受けたいと思いますよね」**と共感しました。

すると、店長から、「そうなんです、だからお客様が『また受けたい』と思う接客をしたいと思ったんです」と、少し考えを掘り下げた回答が出てきました。

私はそこから、**「なるほど、お客様がそう思ってくれるってすごく良いですね**。どんな接客だったら、お客様はまた受けたいと思うのでしょう？」と、身を乗り出し、尋ねました。店長は少し間を置きつつも、少しずつ考えていることを答えてくれ、私は店長自身の考えを深めてもらえている、と実感できました。

「質問をしなければ」と思うと、ついつい相手を責めるような口調になり、相手を追い詰めてしまいます。

これが冒頭の例と違うのは、**共感の有無**です。相手の話を聞きながら、共感したり、自分がどう受け止めたのかを伝えたりして、

「この人は興味を持っているから、自分の話を聞いているのだ」

と相手に感じてもらいながら、対話します。

「なるほど、そのように考えたんですね」「それって、すごく良いですね」と、共感を挟んで肯定すれば、相手は安心感を持って、自分の考えをしっかり掘り下げられるようになるでしょう。

CASE

34

活発に意見が出る場には、その倍、相づちがある

POINT 発言に反応がないと、畏縮してしまう。司会自ら相づちを打ち、話を振ってみんなを巻き込みます。

●なぜミーティングが気まずい空気になってしまうのか

せっかくミーティングをするなら、活発に意見が出る場にしたいものです。しかし、お互いが空気を読み合い、沈黙してしまうことはないでしょうか。

それぞれが安心して発言するために必要なのは、積極的な相づちや共感の言葉など、リアクションを意識することです。

私がエリアマネージャーになりたてだったときです。イベント企画のアイデア出しをするための会議に参加しました。そこで「みなさん意見をお願いします」と話を振られましたが、話すのはいつも同じ人です。しかも、発言があっても、みんな、誰とも目を合わせないように俯いています。私も周りの空気に合わせてずっと下を向いていました。すると、発言した人も気まずそうに黙ってしまいました。結局、新しい意見も膨らまないまま、その会議はただの報告会になってしまいました。

●リアクションがないと、否定されている気持ちになる

せっかく発言をしたとしても、それに対して沈黙されてしまうと、発言者は、「あれ、自分は何か、おかしなことを言ったのではないか」と気まずい思いをします。また、その様子を見ていた人たちも、自分も同じ目にあうのではないかと考え、ますます萎縮してしまうでしょう。大切なのは、聞いているよ、と相づちを打ち、さらに、

「私も考えたことあります」

「なるほど、そうですね。でも私の場合は……」

と、出席者一人ひとりが反応を示すことです。

しかし「もっと発言しよう」と伝えても、逆効果になります。このようなときは、司会者自らが積極的に相づちを打ち、沈黙している人にも話を振りながら、出席者全員を巻き込んでいきましょう。

あるショップの会議に参加したときのことです。最初は静まり返って気まずい雰囲気でしたが、発言者に対し、司会が大きく頷き、発言の後に出席者に拍手を促してから、次第に、俯いていたみんなが顔を上げるようになってきました。

司会者は、「そういう風に考えたのはいいですね。○○さんは、どういう風に考えましたか」と話を振り、出席者たちに、どのように考えているのかを聞く機会を増やしたのです。

出席者の反応がないなら、引き出す。そうしたことで、気まずい空気が少しずつ和やかになっていきました。ミーティングのとき、参加者に発言を促したままになっていないでしょうか。活発な発言を引き出すために、**司会者（もしくは中心となるリーダー）が積極的に相づちを打ち、みんなはどう思うのか、積極的に話を振っていきましょう**。

また、会議前に「和やかにしたい」旨を伝え、相づちなどを積極的に打ってくれるよう、事前にお願いするようにしておくのも良いでしょう。

CASE 35

「ディスカッションの場」でメンバーにまんべんなく話してもらう方法

POINT 「自分から発言した」と思われたくない若手。
運に託される状況作りも一つの手。

「発言しやすさ」を演出するサイコロ活用法

ディスカッションやグループワークを行うと、必ず、意見が活発な人と、そうではない人に分かれがちです。近年では、率先して発言するのが気まずいと感じ、意見が出ずに終わってしまう場合もあるでしょう。

そのような場合は、まんべんなく発言してもらう仕組みを作ってみましょう。

とある専門学校でグループワークを行った後、発表の場を設けました。そのクラスでは、グループごとにリーダーがいて、発表の担当とされています。リーダーがみんなを引っ張って行動出来るのでワークがスムーズに進む反面、自分は発表しないから、とワークに消極的な生徒もいました。

そこで、**私はサイコロを使うことにしました**。グループと、そのグループのメンバーに数字を割り振り、発表順も、発表する人もサイコロで決めました。

当然、サイコロで決めるとなれば、私でも誰が発表することになるか、わかりません。今まで「自分は発表しないから大丈夫」と悠長に構えていた生徒たちは、慌ててワークに参加するようになりました。

すると、半ば強制的ではありますが、ワークに参加してみたら意外と自分でも出来る、楽しい、と感じてくれたようです。普段は黙っていた生徒の発言も聞けるようになりました。

●「人前で発表すること」の心理的安全性を高めるコツ

時代の移り変わりと共に「指名される」「目立つ」ことに抵抗を感じる人も増えました。しかし、それぞれ意見を持っていますので、どんな人も発言しやすくする環境作りは必要です。

サイコロを用いたのは、全てが運に託されるからです。講師が指名するようになると、なぜあの人が当てられたのだろう、何らかの意図があるのではないだろうか、と勘ぐってしまう人も出てきます。これがサイコロであれば「当たってしまったのだから仕方がない」ということ、加えて**「自分から発言しようとしたわけではないことを、周りもわかっているはずだ」と安心出来るので、みんなの前での発言もしやすくなります**。

サイコロの代わりにあみだくじなどもおすすめです。それではあまりにも主体性がないと感じるなら、グループの中で発表する人を決めてもらいましょう。ただ、そうなるといつも同じ人に発言してもらうことになるので、私は**「全員当たります。一度当たった人は、もう発言は出来ません」**と伝えています。すると、「いずれ当たるのであれば」と、自分から手が上がるようになります。その過程で、最初は引っ込み思案だった人も、段々と周りの空気を読みすぎずに発言出来るようになってきます。

リーダーにグループをまとめてもらうことで、物事が進みやすくなる一方、リーダーに任せ切りになってしまうメンバーも出てしまいます。

そんなときは、サイコロなどのツールを使って、まんべんなく発言してもらえる機会を作って話しやすい場を作ってみましょう。

CASE 36

「心から褒めてくれている！」と信じてもらえるアドバイスの仕方

POINT 褒め過ぎは嘘っぽい!?　ほんの少し「より良くなる」を混ぜると本気度が伝わります。

● ベストバランスは「アドバイスが3、褒めることが7」

「褒めて伸ばす」という言葉があります。確かに、叱るだけでは相手を自信喪失させてしまうのですが、褒めるだけというのもまた「そういうふうに持ち上げられているのではないか」と疑われてしまいます。

具体的な目安として、３：７の割合をおすすめします。**「アドバイス」が3、「褒めること」が7の割合を意識すると、相手は信頼してくれる**でしょう。

店舗を回って、接客のレクチャーを行っていたときのことです。ある販売員の接客ロールプレイングを行った後、「笑顔が素晴らしい」「言葉選びが素敵」など褒めちぎりました。まずは自信を持ってもらおうと思ったからです。

しかし、そのスタッフは申し訳なさそうにこう言いました。

「褒めるのがお上手ですね。いつも、そうやって褒めて、私たちのやる気を出すようにしてくれているんですね」

私は自分の手の内を見透かされたような気持ちがしたと同時に、自分が褒めたことを、相手に全く信用してもらえていないのだ、と焦ってしまいました。

●褒め言葉が嘘っぽく聞こえる理由

今、若い世代を中心に、ポジティブな会話しかしない傾向がある、といわれています。その代わり、彼らが日常で感じた鬱憤は、ＳＮＳでこっそり吐き出す傾向にあります。なぜなら、どの人も基本的に、空気を乱さない「良い子」でいたいからです。

そのため、相手から褒められると「きっと、この人も『良い人』でいたいのだろう。本当は私に注意したいのにしないのだ」と勘ぐってしまうのです。褒めるときは、こちらが「本当に良い」と感じていると、相手に伝わるようにしたいものです。

その後、相手からの信頼を得るにはどうしたら良いだろう、と考えながら月日が経ちました。専門学校で、生徒の発表に対しコメントをする機会がありました。その発表は良い所ばかりだったのですが、きっとそれだけでは相手に勘ぐられてしまう、と感じました。

そこで**「より良くするために、伝えたいことが一つだけある」と前置きし、指摘をしました**。コメントを聞いていた生徒たちは、途中までは半信半疑な態度を取っていましたが、私の言葉を聞いて、顔がさっと引き締まりました。

発表が終わった後、個別に話を聞いてみると、生徒からは「ちょっとだけ注意されたから、先生の言っていることは全部本心からの言葉なのかな、と思えた。褒められた所が嬉しかった」と言ってもらえました。

また、メリハリのあるコメントになったことで、指摘した箇所がはっきりし、目に見えた改善が出来ました。

アドバイスをするときは、「する側」の本気度を見せなければなりません。**その際、もっと良くなる点を交えると、伝わりやすくなります**。

とはいえ、熱が入るあまりに指摘が増え過ぎてしまうと、逆効果です。なぜなら指摘する箇所が増えすぎて、印象がぼやけてしまうからです。何に力を入れて改善すれば良いのかがわかりづらくなってしまいます。

●注意は「ちょっと物足りないかな」くらいで留める

また、アドバイスされる側は、少しの指摘でも「注意された」「ダメだと思われた」と、深刻に受け止めがちです。指摘するときは、「アドバイスの部分」と「褒める部分」の割合を3：7にイメージし、**自分としては「ちょっと注意が物足りないかな」くらいで留めておくのが良い**でしょう。

どうしてもまとめて指摘した方が良い場合は、目の前で箇条書きでメモを取ってもらい、「一つずつ期限を決めて取り組みましょう」と伝えます。

第5章

「臨機応変に動けるスタッフ」になってもらえる、視点のずらし方

CASE 37

仕事には一種の“自意識過剰さ”も必要!?

POINT

サービスを利用するのは、お客様。「周りはどう考えている？」で、生産的なアイデアが生まれます。

●「自分は自分」が尊重される時代だからこそ

他人のことは気にしないで、自分は自分だと割り切る。人生において、このように考えられることは素敵なことです。

一方、仕事の中でアイデアを出していくためには、**「他の人は、うち（自分や、店、会社のこと）をどのように思っているのだろう」と考える、一種の〝自意識過剰さ〟も味方になってくれます**。

私が販売員だったときのことです。店頭に立って「いらっしゃいませ、どうぞごらんくださいませ」と甲高い声を出していた所、通りかかった子供が、私の言い方を真似しました。慌てた母親は「失礼だからやめなさい」と叱っています。その光景を見て私ははじめて、自分の声出しが「思わず子供が真似したくなるような、不思議なものなのだ」と気づくことが出来ました。

ずっと内部にいると当たり前でも、一歩外に出て見れば「変だな」と思うことは、どの業界にもあるのではないでしょうか。利用する側から見たら、「もっとこうしてもらったら、お金を払いたくなるのに」と感じるようなことです。

私が籍を置いていたアパレル業界での接客を例に出すと、

「いきなり試着をすすめられる。もっとゆっくり見せてくれたら買うのに」

「人気があるものじゃなくて、自分にピッタリのものをすすめてくれたら買うのに」

など、お客様の立場で考えてみると違和感がいくつもあるものです。先程の例のようなことがあって、私もはじめて「お客様から見て変なことって何だろう」と気にするようになりました。そのおかげで、売上を改善するアイデアが生まれました。

このように**「周りからどう思われているか」を気にすることは、決してマイナスになることばかりではありません**。

●「お客様視点」になって初めて見えてくるものがある

ある美容院での研修で、スタッフに自分の仕事を書き出してもらい、その横にお客様がどのように感じていると思うかを記入してもらいました。

「お客様と楽しい雑談で盛り上がる」と書いた美容師は、その横にお客様の気持ちについて少し考えた後、こんな風にコメントしてくれました。

「お客様によっては、こちらが雑談を振ると、言葉に詰まっている人もいる」。

その美容院はその気付きをきっかけに、雑談をするよりも、お客様から髪の悩みを積極的に聞くようになり、それ以来、リピーターも増えました。

現状のサービスについてお客様がどのように考えているのかを振り返ってみましょう。

「お客様はどのように考えているのだろう」

「新しく考えたこのアイデアについて、お客様はどのように感じるだろう」

を軸に考えてもらうと、無駄を省くことが出来たり、新しいアイデアが生まれたりします。

CASE 38

スタッフの臨機応変な行動を引き出す主語「お客様が」

POINT 「こういうものだ」と流されず、周りから見た「実は変」が、成果を出すヒントに繋がっています。

●「主語を変えてみる」だけで見えてくるものがたくさん！

目的やそのときの状態に合わせて、自分で最適な行動を判断出来るようにするには、どうしたら良いでしょうか。ポイントは、**「自分が行ったことを、相手（お客様）はどう感じるか」を常に考えることです。**

〝私は〟やることになっているから、

ではなく、

〝相手は（お客様は）〟どうして欲しいのだろう？

と、考えます。

このように主語を変えることで、そのときに合わせたやり方で対応出来るようになります。

ある企業へ来訪したときのことです。担当者の方から「今日は他の企業で打ち合わせしてきたんですよね?」と聞かれました。そうですと答えると、**「それなら、飲み物は持ち帰ることが出来るペットボトルタイプが良いですか?」**と確認してもらえました。私はその日、何件かの打ち合わせがあり、何杯も水分を摂っていました。そのように確認してもらえて「助かった」と感じました。

「来客があったら、(私は)お茶を出すものだ」と考えているスタッフも多いでしょう。「相手はどうなのだろう」と考えることで、確認も出来ますし、場合によってはお茶を出す手間も省けます。

もちろんこれは「お茶を出さなくて良い」という話ではありません。決まり切った仕事を見直し、状況に合わせて行動するために「相手はどうなのだろう」と考えることが大事だと伝えたいのです。

●「こういうものだ」に流されない

私が指導しているアパレル業界にも、「こういうものだ」は多数あります。

「お客様が商品を手に取ったら、（私たち販売員は）素早く声がけするものだ」

「お客様が試着室から出てきたら、いかがですかと聞くものだ」

しかし、これらはお客様にとっては、必ずしも嬉しいものとは限りません。

「もっとゆっくり見せて欲しい」

「いかがですかと言われても、何と答えて良いかわからない」と思っている人もいるでしょう。**このようなことに気づいた店が、多くのリピーターに支持されています。**

自分の仕事を文章として書き出すと、先頭に「私は」と主語がつくものばかりであると思い知らされます。先頭に「相手は」「お客様が」をつけてもらい、どうしたら相手にとってベストなのか、考えられるチームにしていきたいものです。

CASE 39

「自社の商品」に共感出来ない若手のやる気に火をつける方法

POINT 若手の視点を「相手は商品に対しどう思っているか」に変えると、成果が出やすくなります。

●「自分にとってどうか」より「お客様にとってどうか」

自社のサービスや商品が好きになれず、提案が出来ない。だから商品が売れない、と悩む若手はいないでしょうか。

これは、販売する仕事に限ったことではありません。スタッフが自分の業務に前向きになってもらうために贈りたいアドバイスは「顧客視点の脳に切り替える」です。

講師になってから、販売員から**「自社の商品が好きになれず、うまく提案が出来ない。転職した方が良いか」**と、相談を受ける機会がありました。

私自身も、自社の商品が好きになれなかったという経験から、どうしたら商品を好きになれたか、転職しても結局同じことの繰り返しだ、と熱く語りました。

しかし、相談者は私の話を聞いている間、腑に落ちていない様子でした。そして、相談者のモチベーションが上がることもなく、そのうち辞めてしまいました。そうした販売員の退社報告を聞く度に、どうアドバイスをしたら良かったのだろうか、と悩む日々でした。

それから数カ月後、新入社員時代の先輩について思い出しました。彼女はあまり自社製品が好きではなく、私服では他社の製品ばかりを着ていました。けれど、社内ではいつも売上が上位でした。売上の秘訣を聞いたとき、

「自分が好きじゃなくても、お客様にとっては素敵だったりぴったり似合ったりすることってあるでしょ。それを考えるようにしていたからだよ」

と、話していたのを思い出したのです。

私自身も、販売員時代はお客様のニーズに対し、「この商品はどこがぴったりなのか」と考えるようにしていました。**自分が自社の商品を好きかどうかは、あまり仕事に関係がなかったのです**。反対に、自分が好きなタイプの商品が入荷すると、自分が好きなポイントだけ強調し、空回りをして売上に繋がりにくいこともあったと思い出しました。

それ以来、「自社の商品（サービス）が好きじゃない場合は、どうしたら良いですか」と聞かれたら**「自分にとってどう、ではなく、お客様にとってどうなのか、と考え方を切り替えてはどうでしょうか」**とアドバイスをするようになりました。

全員がそれで納得するわけではありませんが、仕事として向き合って行く上で必要なことだと考え、実践してくれる人も増えました。

●若手の視点を変えると「やりがい」に繋がる

戦略を考えるときに用いる顧客視点は、仕事を前向きに考えてもらう上でも役立ちます。

自分の主観を活かす働き方ももちろんありますが、仕事は往々にして相手がいるものです。商品が好きになれないので提案出来ない、と言うスタッフの悩みが行き着く所は「結果が出ない」ということでしょう。顧客視点によって結果の出やすい方向に導くと、仕事にやりがいが出来、前向きになってくれるでしょう。

CASE 40

スタッフの強みや弱みは「顧客視点」で把握する

POINT 「お客様にとって、その強みは嬉しいものか」と考えると、具体的な活かし方が見えてきます。

● スタッフの「多様な個性」をどう活かす？

目標を達成していくためには、スタッフ一人ひとりの個性を理解し、適材適所で行動してもらえるようにしたいものです。

みなさんは、スタッフの強みをどのように把握しているでしょうか。その強みが、お客様にとってメリットに繋がるかどうかによって、活かし方は変わるものです。

私が店長だったとき、「顧客を増やす」を目標にしました。顧客を増やすために行えることは様々ありますが、まずは「スタッフによる接客でリピーターを増やしていこう」という考えに行き着きました。

これを上司に報告すると**「はじめて来るお客様を顧客化するにあたり、スタッフのどういう強みを活かしていきたいの？」**と、首を傾げられてしまいました。

私は少し考えた後、「うちのスタッフは、元気で明るくて、人なつっこい所が強みです」と答えましたが、上司は苦笑いするばかりです。スタッフの良い所を伝えたのになぜだろう、と私は疑問に思いました。上司から、

「スタッフが明るくて元気なら、お客様はまたその店で買いたいと思うのかな？」

と聞かれ、ハッとしました。私は、自分がお客様の視点で「リピーターになりたいと思うような強み」があるかを考えていなかったのです。それが施策にも活かされていなかったと、気づかされました。

●ターゲットに対し、具体的な「強み・弱み」を書き出す

私が顧客を増やそうと思ったとき、具体的に何をしようか思い浮かんでいませんでした。「とにかく接客を頑張ろう！」と、がむしゃらに日々の業務を行おうとしていたのです。そんな私に対し、上司がさりげなく問題に気づかせてくれました。

まず「お客様が顧客になりたいと思うのは、どのような接客を受けたときか」を考え、それに基づいてスタッフが今、出来る接客について整理することにしました。そ

して、

「似合う服を選ぶのが得意だから、お客様が嬉しそう」

「でも似合う服を選ぶまでに時間がかかるから、お客様が断りやすい」

など、目標に向けて強みを伸ばしたり、弱みを洗い出したりしました。

すぐに、服を選ぶまでの時間を短縮する練習をし、似合う服を選ぶときのノウハウを他のスタッフと共有しました。こうして、具体的な行動に踏み出すことが出来、顧客も徐々に増えていきました。

スタッフの良さを表面的に捉えたり、「自分は良いと思うけれど、お客様は大して共感出来ないもの」になったりしていないでしょうか。

頭の中で考えているだけでは、どうしても抽象的になりがちです。ターゲットを書き出し、それに対してどのようなことがお客様に対してのメリットになるのか、具体的なスタッフの強みや弱みを書いてみましょう。

CASE 41

「伝える」よりも、「気づいてもらう」方が、相手の心に"ピン"とくる

POINT

説明を一方的に行うより、事例について考えてもらい、自分ごとにしてもらうと早いものです。

人は「自分ごと」になってはじめて真剣に考え始める

社内で進めている新しい施策を店舗などに周知し、根付かせるのは、一筋縄ではいきません。店長会や、チームリーダーを呼んだ会議などで決定事項を入念に話しても、ポカンとした顔をされてしまいます。これでは、施策はうまくいかないでしょう。このようなときは、手を動かしてもらい、なるべく早く「気づき」を得てもらうようにします。

私はとある専門学校で、顧客視点をビジネスに活かすための授業を行っています。将来的にブランドを立ち上げ、店を運営していく彼らには必要なことです。しかし、今まで店頭に立ったことや、販売員のアルバイトをしていても顧客視点というものに向き合ったことがないと、興味が湧かないようでした。

最初はレジュメに沿いながら「顧客視点とは何たるものか」を話していたのです

が、学生はうつらうつらとし、机に突っ伏して寝てしまう人までいました。

しかし、あるワークを行うと、途端に学生たちの目の色が変わりました。そのワークとは、40代女性のお客様の写真を見せて**「このお客様はみなさんのお店の顧客です。このお客様が欲しくなるような商品とは何か、考えてみましょう」**というものでした。

学生たちは、当初は深く考えず、単に「40代っぽいから」という理由だけで、大きめのバッグを挙げました。しかし私から、

「お客様にとって、このバッグを使いたいと思うのはどのようなときですか？」

「どのような背景があって、このバッグを選ぶのでしょう」

と深掘りされて、自分たちの答えに疑問を持ち始めました。少しずつ考え始めたのです。その過程で、はじめて「お客様が具体的にどんな人か考えることが大事なのだ」と理解出来たようでした。

私は、**どのような学びでも、人から一方的に伝えられるよりも、まずは自分で気がつくことが大事なのだな、**と実感しました。

●「頑張って熱弁を振るう」は逆効果

スタッフに視点を変えてもらうには、スタッフ自身が「気づく」過程が必要です。この事例ではグループワークでしたが、クイズ形式を用い、アシストや解説をしながら早速実践してもらうのも良いでしょう。

大事なことを説こうとすると、つい熱弁を振るってしまう場合もありますが、相手の気持ちが冷めているときに、いくら一方的に語ってもスルーされてしまいます。こちらの話が上手なら受け止めてもらえる場合もありますが、それは、もともと相手の興味がうっすらあり、かつ、相手がリーダーに信頼を寄せている場合のみです。

なぜ今話していることが大事なのか。**「今、こんなことが問題になっているじゃない。自分ならどうする?」など、質問を冒頭に入れて話をしても良い**でしょう。

相手に自分で考えてもらい、気づいてもらうようにすると、深く印象にも残り、実行してもらいやすくなります。

CASE 42

「自分はやったことないし」——若手へのアドバイスが見つからないときは？

POINT 自分に知識がない仕事は、他社の例より「お客様ならどう考える？」で意見をします。

●「自分がよく知らない仕事」へのアドバイス、一体どうすれば？

この10年ほどの間に、インターネットやSNSなどの環境は様変わりしました。10年前にはなかった仕事や業務がたくさん生まれ、若手に託されている職場も多いのではないでしょうか。

もし、自分が経験したことがない業務を自分のチームにいる若手が担当する際は「自分が相手だったら、こう思う」と相手にヒントを伝えることがポイントです。

私が本社に勤務していたとき、後輩が店のPOP（商品に値段や商品の特徴を書いて貼るカードやポスター）を作る担当になり、その指導を任されました。

ミーティングでは、後輩が作成したPOPを見せながら、「自分なりに頑張りましたが、店からは評判が悪いです。どうしたら良いでしょうか」と相談がありました。

しかし、私には全くこの業務についての経験がなく、「私よりもよくわかっているとは思うのだけど、他社みたいに文字を大きくした方が良いかも」と、歯切れが悪く一般的な回答を繰り返すばかりです。後輩は、期待したような核心的な答えが得られず、がっかりしたのか「自分で何とかしてみます」と肩を落としていました。

指導する立場として、自分のことを情けなく思った瞬間でした。


その後、店頭で起きた出来事から、ＰＯＰ改善のヒントを得ることが出来ました。

商品名と値段が大きく書いてある、後輩が作成したＰＯＰをちらっと見たお客様が、該当するスカートを手に取ってからすぐに、棚に戻した所を見かけたのです。

不思議に思った私は、なぜ商品を一度手に取ったのに戻したのか、思い切って質問しました。お客様は、

「スカートを見て安いと思って飛びついたが、いざ手に取ってみると、いつ着たら良いのかわからなかったから」と答えてくれました。

それを聞いた私は本社へ飛ぶように帰り、後輩にそのことを伝えました。彼女は
「それなら、お客様が着用シーンをイメージしやすいよう工夫してみます」と、様々

な場所で着ているイメージイラストを入れた新しいＰＯＰを作り、各店へ配布しました。すると、**今まで売れ行きの鈍かったそのスカートが、少しずつ売れるようになっていった**のです。

ＰＯＰは、お客様へ気づきを与え行動を促すツールです。このような場合、お客様がどのように考えてみるかを分析してみると答えが出しやすいのだと痛感しました。

自分の知識に不安がある業務についてアドバイスを求められたとき、皆さんはつい、業界の前例を「この道のプロはどうやっているのかな」と、そのままなぞってアドバイスしていませんか。

そのようなときはまず、**その仕事のゴール（目的）を確認してみましょう。そのゴールに達するために、何をすれば良いかは、相手（お客様）が握っています**。相手の視点に立つと、今までの他社のルールではなく、自分なりの解決策やアドバイスが浮かんできます。**知識がないからこそ、新鮮で効き目のある策が生まれてくるもの**です。強みと捉え、自信をもってアドバイスしていきましょう。

CASE 43

お客様像を明確にすると、ミーティングで「的確な結論」が出せる

POINT それぞれのお客様が違うと、意見もバラバラ。会議の前に、全員でお客様像を明確にしましょう。

●なぜ、会議がこんなにも紛糾してしまうのか

イベントなどの施策を振り返る際、お客様の反応をもとに次回への改善案を出し合うことがあります。それらの報告の際、一人の強い声に対し過剰に反応していないでしょうか。お客様の声を参考にするときは、自分たちのお客様は誰か、意識したいものです。

私がエリアマネージャーだったとき、10名ほどいるエリアマネージャーが集まり、毎週、担当店の報告を行う会議がありました。その際、その週に入荷した商品についてお客様の反応を伝え、商品企画に役立てていました。

しかし、エリアマネージャーたちが各々意見を伝え合っていると、結論がまとまらず、改善案が出せないまま会議が終わってしまうばかりでした。理由は、それぞれのエリアマネージャーが頭に思い描いているお客様が、20代と50代、体型がふくよかな

方や、華奢な方、会社員、子育てを終えたお客様、などバラバラだったからです。誰かが「このパンツは小さいと言われました」と発言すれば、「いいえ、こちらの担当店ではちょうど良いと言われたから、今のままで良いです」など意見が割れ、全くまとまりませんでした。

これは、お客様がどのような人か、スタッフの間で共通したイメージを持てていなかったことが原因です。

というのも、サービスを各地で展開していると、それぞれの地域の特性が反映され、バラバラな客層になってしまうのはよくあることだからです。また、メインの客層から外れたお客様についての意見を強調しすぎると、本来届けたかった客層から良い反応が返って来なくなってしまいます。

●会議のときは、「一人のビッグボイス」に反応しない

エリアマネージャーのときの教訓を活かし、企業と**お客様への接客サービスについ**

て考えるとき、必ず「メインとなるお客様は誰なのか」を書き起こしてもらっています。

お客様の生活スタイルや考え方、状況に対して「この人はこんな考え方をしそう」というのを書き出し、それを見ながら、店で行ったサービスや行動を振り返ってもらいます。これによって、スタッフは今後の行動を導き出せるようになりました。例えば、今までは20代の夫婦と、50代の夫婦について同じ土台で話していたのを、20代の夫婦に絞ることで、「では、SNSの投稿を充実させよう」「赤ちゃん向けに、何か出来ないか」など、具体的な案が出しやすくなったのです。

「お客様」という言葉は、ボンヤリとしていて抽象的なものです。話し合いをする際は必ず、ターゲットについて確認をしましょう。**しつこいくらい、毎回繰り返すことが重要です**。なぜなら、人は、以前出会った印象の強い人に引っ張られるからです。ターゲットにするお客様像を明確にし、結論が出せるミーティングにしていきましょう。

CASE 44

同じサービスでも、会社によって捉えられ方が違うことに注目する

POINT 「自社の当たり前」がお客様にとっては「スゴイ」ことかも。顧客視点で意外な強みを見つけます。

●自分の「当たり前」が、他社の「当たり前」とは限らない

同じ「笑顔になる」行動一つを取っても、「笑顔で素敵」と受け取られる企業と、やらなければクレームを受けてしまうような企業があり、捉えられ方が違います。スタッフにはお客様がどう比較して自分たちを見ているか、自覚してもらうと自分たちの強みがわかり、どこを伸ばせば良いのかわかりやすくなります。

友人があるとき、こんなＬＩＮＥを送ってきてくれました。

「この間、あるテーマパークでチケットを買おうとしたら『こちらにいらしたのは初めてですか？　楽しんでくださいね』って、スタッフが笑顔で言ってくれたの！」

友人はそのテーマパークの常連だったのですが、このように爽やかに挨拶されたことは初めての経験でした。それでわざわざ、私に教えてくれたのです。

この友人の言葉で注目したいのは、一見当たり前の「笑顔で挨拶」でも、テーマパ

ークによっては「めずらしく、素晴らしい」と認識されていることです。

店やチームの成果を改善しようと考えると、スタッフには画期的で即効性のある行動を期待してしまうものです。例えば、立派なノベルティを用意したり、来店したお客様に高級茶葉で淹れたお茶を出したり、などです。

しかし、お客様が自社のことをどのように考えているのか振り返ってみると、**案外「そんなことで良いの？」と思うような当たり前なもので十分成果が上げられる**ケースがあります。

●自分を知れば、意外なものが「成果」に繋がる

もう一つ、例を挙げます。知人がある眼鏡店で商品を購入した所、店先まで見送ってくれた販売員が、「お客様、今日は良い眼鏡に出会えましたね」と言いながら、ニカッと笑いかけてくれました。その「ニカッ」とした笑顔が、その販売員の人柄を表

しているようで、ずっと忘れられないのだと、その人は話してくれました。

こちらも、笑顔の話です。**当たり前に行っていることでも、他社や他人と比べて自分はどのように思われているのかを振り返るだけで、強みがわかるもの**です。

他にも「説明がわかりやすい」「こちらの話を聞いてくれる」など、一見ごく当たり前のことが驚きのポイントになることがあります。

今回は接客を事例に出しましたが、オフィスでの業務でも他社と比較されたときにも同じことが言えます。**顧客は自社の何をメリットだと思って使ってくれているのかを理解すると、ちょっとした工夫で成果が出せる**でしょう。

スタッフにも、お客様がどのように自社のことを捉えていて、何に意外性を感じるかを考えてもらい、強みになる所を伸ばしてもらえるようにしたいものです。

CASE 45

施策の振り返りは、「お客様の反応」を細かく洗い出す

POINT 漠然と行動を振り返るのではなく「お客様の表情」を思い浮かべ、次の行動を導き出します。

●そのサービス、お客様にとって「嬉しい」のか「当たり前」なのか？

どのような仕事でも、振り返りをしなければ次に進めません。課題を適切な方向に導き、成果を出しやすくするためです。「今回、どう思った？」など感想を聞きながらよく出来た点や、修正が必要な点を議論していくわけですが、この際に重要になるのは**「お客様から見て、どうだったのか」と考える視点**です。

なぜなら、利用するのはあくまでお客様であり、スタッフではないからです。お客様の視点で振り返るためには、お客様の反応を思い起こしながら議論するのがポイントです。

ある商業施設で研修を行ったときのことです。ワークショップの中で、自分たちの行動を思いつくだけ書き起こし、その一つ一つを、お客様はどのように考えているのか、振り返りました。

振り返る際に基準になるのは、「自分たちが行っている仕事が当たり前なのか、それともちょっと嬉しいと思われているのか」だったのですが、その際に受講者の手が止まってしまいました。

なぜかというと、列挙した行動が、「開店準備をする」「レジを打つ」「接客をする」……など、抽象的なものばかりだったからです。これらは確かに、お客様から見れば当たり前のサービスです。

お客様が当たり前と判断しているサービスなら、その特別感を高める工夫を考えればリピーターを増やせます。しかし、ただ「接客の特別感を高めましょう」と言われても、具体的な改善例が出て来ず、みんな戸惑ってしまったのでした。

このように、「振り返るために仕事を洗い出してください」と伝えると、漠然とした内容になってしまうことがあります。すると、何から手をつけたら良いのかわかりづらくなるのです。

具体的な解決策を見つけていくためには、お客様の反応を思い出せるくらいまで、具体的に掘り下げてみましょう。

先程のワークショップで、「レジを打つ」と答えてくれた班がありました。そこで、お客様の反応をイメージしながら、さらに行動を具体的に掘り下げていきました。

そこから出てきたのは、

「レジへ案内する」

「商品に傷がないかチェックする」

「商品を丁寧に袋へ入れる」

「袋へ入れている間、商品の手入れ方法について話す」

「手入れ方法を話すときは、ゆっくり話す」

「支払う金額がわかりやすいように、電卓で見せる」

「商品を渡すとき、重いものなら、レジから出て行って渡す」……などです。

どれも、行っている間に相手の表情や反応が想像出来るようになりました。受講者も具体的な行動が出てきてやっとイメージが出来るようになり、「商品の手入れ方法を話すときは、ゆっくり話すように意識する。すると、お客様から質問が出やすくなり、疑問に答えることが出来る。この会話に満足感を得て、リピーターになるお客様も多い」など、客観的に振り返ることが出来るようになりました。

●「お客様の反応」を基準にして、打つべき行動を見つける

「行動を挙げてみてください」と、指示を出すと、漠然としてしまうものです。しかし、行動を改善していくということは、お客様の反応を変えるということです。

ですから、**頭の中に「これをやったら、お客様はこう反応した」と一つ一つの行動を思い浮かべながら列挙していくと良い**でしょう。

スタッフが挙げてくれたものを見ながら「お客様にお礼のメールをするって書いてあるけど、具体的にはどのように書いている？」など、相手からの返信など、反応を

基準に振り返るようにしましょう。お客様にとってより良い行動が導けると、結果も上向いてくるでしょう。

おわりに

信頼感ある「恐れのないチーム」でこそ、良いものが生まれる

この本を出そうと思ったきっかけは、**「お互いが思っていることを打ち明ければ、案外すぐに解決することは多いのに」**と感じたことでした。

人手が不足し余裕のない職場では、会話の機会がどんどん減っていきます。お互いの誕生日は知っていたとしても、仕事に対して何を大事にしているかはわからない状態です。

常に空気の読み合いで、話が先に進まない。そんな店舗や職場が多いことを目の当たりにするたびに、この状況を歯がゆく感じていました。

企業との取り組みの中で「もっと早く話せば、こんなに気を遣うことはなかった」という後悔の声を聞くたびに、今、足りないのは「話すこと」なのだ、と痛感します。

思い込みでなく、常に相手の立場で考えてみることが、コミュニケーションを円滑

にします。そして、**信頼し合える空気が「視点の切り替え」や「アイデア」を生み、最後には成果に繋がります**。

人の気持ちを聞くことは怖いものです。

けれど、話をしてみると、案外、相手も自分と同じことを感じていたり、時には誤解していたことに気づいたりして、ハッとさせられることでしょう。

チームで成果を出す第一歩は、お互いの目を見て言葉を交わすことです。

自分を取り繕うことなく、スタッフに向き合えれば、自分自身も、より充実した仕事が出来るのではないでしょうか。

この本が、いつもちょっぴり勇気を出し切れない皆さんの「若手と一緒に成果を出す」きっかけになれば、私も嬉しく思います。最後までお読みいただき、誠にありがとうございました。

平山枝美

平山枝美（ひらやま・えみ）

アパレル企業で販売員、店長、エリアマネージャーを経て、顧客戦略のコンサルタントとして独立。顧客作りのための接客や、店舗マネジメントへのアドバイスを行っている。文化服装学院・非常勤講師。店長時代は、厳しい指導のために1ヶ月でスタッフが全員退職。チーム作りが全くうまく行かず落ち込む日々を過ごしたが、スタッフの立場で指導方法を一新。チーム力で売上をＶ字回復させた。その結果、社内最速でエリアマネージャーに昇格。不採算店舗を次々と立て直し、スタッフを店長やエリアマネージャーに続々と昇格させた。

現在は、無印良品（良品計画）、ビームス、ルミネ横浜や丸の内商店会といった大型商業施設のほか、美容室、インテリアショップなど、アパレルに留まらず、顧客視点のチーム作りについて研修を行っている。現場の状況を踏まえた上でのアドバイスは大好評で、満足度アンケートで最高評価98％を誇る。

これまでの著書にベストセラーとなった『売れる販売員が絶対言わない接客の言葉』（日本実業出版社）の他、『あの人だけがなぜ売れるんだろう？』（幻冬舎）、イラストでひと目でわかる　お客様に嫌がられる接客　喜ばれる接客』（日本実業出版社）がある。

●blog
https://ameblo.jp/jatamansi1012/
●X（旧Twitter）
@emihirayama

「若手《わかて》と一緒《いっしょ》に成果《せいか》を出《だ》したい！」と思《おも》ったら。

自分《じぶん》で考《かんが》え動《うご》きたくなるチームを作《つく》る45のヒント

2024年7月1日　第1刷発行

著者　平山枝美《ひらやまえみ》
発行者　佐藤靖
発行所　大和《だいわ》書房
〒112-0014
東京都文京区関口1－33－4
電話 03－3203-4511

ブックデザイン　横山みさと［TwoThree］
イラスト　平山枝美
校正　歐来堂
本文印刷　信毎書籍印刷
カバー印刷　歩プロセス
製本　ナショナル製本

ISBN978-4-479- 79805-7
乱丁・落丁本はお取替えいたします
http://daiwashobo.co.jp